ニッポン人なら
おさえておきたい

2時間でおさらい

超日本史

新編集

菅野祐孝
Yūkō Kanno

出版芸術社

はじめに

国際化社会だからこそ求められる私たちの国、日本についての理解と知識

日本は一九五六年の国際連合加盟によって国際社会に復帰し、高度経済成長時代を通して先進国の仲間入りを果たしました。その結果、経済活動や日常生活のさまざまな面において常にグローバルな視点が求められ、英会話などの語学教育の充実にも力点が置かれるようになりました。

戦後、半世紀以上たったいま、世界の時流も大きく変わりました。そして諸外国との行き来が盛んになる中で、私たちは旅行やスポーツ、ホームステイなどを通して、さまざまな外国人と交流する機会

も増えました。

来日する外国人の多くは、日本の歴史や文化に大きな関心をもっています。彼らが京都、奈良をはじめ、生活習慣を含めた「日本らしさ」を求めてあちこちの観光地に足を運び、風景や建造物などを盛んに写真に収めているのはその表れでもあります。なかには日本にあこがれ、日本文化を研究するために日本留学を志している人もいるほどで、彼らの日本文化に対する造詣の深さには、目を見張るものがあります。

こうした傾向は今後ますます強くなり、外国人との交流を通して私たちが自分の国、日本を紹介する機会も増えていくことでしょう。それだけに、いまの私たちには、自国の歴史や文化についての理解と知識が求められています。「世界を知るにはまずは足元の日本から」という認識が必要なのです。

この本は、中学生以上の読者を対象に、「もっと日本を知りたい」、「大雑把でいいからもう一度、日本歴史の全体像を知っておきたい」

という求めに応じ、『13歳からの日本史』（静山社）を改訂して新たに編纂したものです。

中学校に入ると、日本の歴史を少し詳しく学びはじめます。子どもたちが学校で教わる授業の内容と並行する形で、本書では日本という国がどういう国なのかを、物語のようにやさしい言葉でわかりやすく解説しています。

ふだん意識しなかった言語・生活・習俗・歴史・文化など幅広い視点から日本を眺めただけではなく、現代の日本が抱える国際問題や時事的問題にも、わかりやすくアプローチしました。

これだけの知識があれば、日本の歴史の概略は理解できたといっていいでしょう。外国人との会話内容においても、本書がその一助となれば幸いです。

最後に本書の出版にご助力いただいたアーク・コミュニケーションズの蒲谷大介氏に厚く御礼を申し上げます。

二〇二一年　秋　　菅野祐孝

書名入る日本史

目次

表情豊かな日本語

日本の一年と人々のくらし

第2章 知れば知るほど おもしろい 日本の歴史

原始時代の日本と日本人

ヤマト政権と飛鳥時代

鎌倉時代～本格的武家政権

室町時代～南北朝と下剋上

明治時代〜近代的な国民国家

大正時代〜大正デモクラシーの時代

昭和から平成の時代

第3章 今の日本が抱える国際社会との問題

本書は『13歳からの日本史』（2013年 静山社文庫）に加筆・修正を加えたものです。

編集・制作／アーク・コミュニケーションズ
本文イラスト／たむらかずみ
デザイン・DTP／田中真琴
本書脚注の歴史用語の解説と英語表現例は、以下の辞典、文献を参考にいたしました。
『日本史B用語集 改訂版』（山川出版社）、『新和英中辞典』（研究社）、『英語で読む日本史』『バイリンガル日本事典』（講談社インターナショナル）、『日本文化を英語で紹介する事典』（ナツメ社）

第1章

世界に誇る日本文化と日本人らしさ

私たち日本人は、長い時をかけて独特の文化を誕生させ、次代に受け継いできました。それは豊かな食文化であり、繊細な言葉であり、季節感あふれるしきたりや年中行事など、世界に誇る独特の文化です。今ある私たちの生活は日本の歴史の集大成といえます。日本の歴史を読む前に、まずは日本文化について理解を深めてみましょう。もっと日本史を身近に感じることができるはずです。

食生活～日本人は何を食べてきたか

❖植物も肉も食べた原始時代の日本人

日本には「一汁一菜《いちじゅういっさい》」という言葉があります。汁一杯とおかず一品という意味で、最低限度の粗末《そまつ》な食事をひと言で表現したものです。いま日本の食卓といえば、一般にはご飯と味噌汁にいくつかのおかずを添える形が基本で、一汁三菜などと言われていますね。

今日のような、米を主食とする食事の原型が整えられたのは室町時代のことです。江戸時代に入ってから形式的にも定着し、今に至っています。

狩猟《しゅりょう》や漁労《ぎょろう》を主とした縄文時代には、各地に残る貝塚[1]からも、魚介類が食べられていたことがわかります。しかし最近の研究では、クリ、クルミ、ドングリといった植物性の食物が栄養源としても重要視されていたことが明らかになりました。貝塚からは魚や鹿、

※この欄には、本文に出てくる歴史用語の解説と、英語表現例を掲載しています。

猪《いのしし》などの骨が出土していますから、縄文時代の人々は、魚はもちろん、獣肉《じゅうにく》も食べていたことがわかります。

人々が米を食べるようになったのは弥生時代以降です。三世紀の邪馬台国《やまたいこく》では、魚介類のほかに生菜《せいさい》、つまり生野菜も食べていたことが『魏志《ぎし》』倭人伝と呼ばれる中国の歴史書に書かれています。

❖明治まで白米は庶民のあこがれ

飛鳥時代に仏教が伝わると、日本人の食生活は大きく変わりました。仏教では殺生《せっしょう》を禁止しているため、天武《てんむ》天皇のころから政府もしばしば肉食の禁止を命じました。そのため獣肉類はしだいに人々の食卓から姿を消していきました。

古代の食事は一日に朝夕二回摂《と》るのが普通でした。主食は強飯《こわいい》といって、白米を甑《こしき》と呼ばれる土器に入れて蒸して食べるのが一般的でした。それを乾かした米は乾飯《ほしいい》といって、旅の携行食糧となりました。また姫飯《ひめいい》といって、米を釜で炊いて粥《かゆ》のようにして食べるこ

用語解説
●1 貝塚（かいづか）
中身を食べた後に捨てられた貝類の殻が堆積した場所。本州では太平洋岸、九州では有明海沿岸などに多く発見されている。

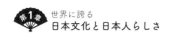

ともありました。

奈良時代には、貴族[1]など一部の上級の人々は、白米を中心に、豆や芋の盛り合わせ、酢に浸した鹿の膾《なます》、鮎の醤煮《ひしおに》などの豪華な食事を摂っていました。それに対して下級貴族や一般庶民は、玄米《げんまい》にひじきの醤煮、山菜などを具とした汁、塩や海草、野菜などを食べていました。

このように、庶民の主食は稗《ひえ》・粟《あわ》などの雑穀や玄米が中心でしたが、たんぱく質やビタミン、ミネラルの面では、いわゆる古代米[1]のほうが白米よりも優れていることが明らかになっています。そのため江戸時代に白米を食べていた権力者の中には、ビタミンB１の不足から、脚気《かっけ》を患うものが多かったといいます。

安土桃山時代に、朝夕二回だった食事回数が昼も含めて一日三回になります。また南蛮《なんばん》文化の流入によって、砂糖なども用いられるようになりました。しかし主食の面では、武士や公家が米を常食としたのに対し、一般庶民は雑穀中心の食生活を強《し》いられました。

用語解説

●1 古代米（こだいまい）

赤米（あかまい）・黒米（くろまい）のような、弥生時代の米の原種。糠（ぬか）の部分に色素を含み、たんぱく質やビタミンが豊富。

庶民にとって、白米はやはりあこがれの食べ物だったようです。それが広く一般の人々の食卓に上るようになるのは、明治時代に入ってからのことでした。

❖調味料のルーツは奈良時代に伝来

日本の食文化を語る場合、調味料として味噌◆2と醤油《しょうゆ》が欠かせません。どちらも大豆をベースとしたものですが、もともとは醤《ひしお》というものでした。醤とは、肉や野菜の塩漬けを発酵《はっこう》させたもので、作り方は味噌の製法とともに奈良時代に中国から伝えられました。

奈良時代には、野菜や魚介の塩漬けや味噌漬けが食べられるようになり、それが今日の漬物のルーツとなっています。平安時代には「包丁《ほうちょう》」と呼ばれる調理の専門家も現れました。包丁とは、料理に使う刃物をさす言葉として知られていますが、その使い方に優れていた調理人そのものをも包丁と呼んだのです。

英語では？

◆1 貴族（きぞく）
Nobility

◆2 味噌と醤油（みそとしょうゆ）
soybean paste & soy sauce

❖お茶の習慣は禅宗の影響だった

鎌倉時代に禅宗が伝えられると、それにともなって食文化もまた大きく変化しました。中国から伝来した豆腐を、味噌を溶《と》いた汁に入れ、味噌汁として飲むようになったのも鎌倉時代のことです。

茶は平安時代の初期に、最澄《さいちょう》ら僧侶によって中国の唐から日本に伝えられてはいましたが、遣唐使の廃止などで一時衰退していました。それが鎌倉時代のはじめに、栄西《えいさい》が中国の宋から茶の種子と苗木を伝えたことによって、茶の栽培が本格的にすすみ、寺院を中心に喫茶《きっさ》、つまり茶を飲む風習もおこりました。茶は、はじめは薬用として飲まれていましたが、しだいに嗜好品としての性格をもつようになりました。

栄西が伝えた抹茶《まっちゃ》による喫茶法には禅宗の精神が行き渡り、やがて「茶の湯」◆1と呼ばれるようになったのです。はじめは抹茶でしたが、それが煎茶《せんちゃ》として庶民に広く普及し好まれるようになるのは、江戸時代に入ってからのことです。

英語では?

◆1 茶の湯
tea ceremony(客を茶室に招き、茶をふるまう会)

\ Culture & History /

もっと 知りたい日本！

料理のバリエーションが増えた鎌倉・室町時代

鎌倉時代には、来日した中国の禅僧によって、「揚《あ》げる」「炒《いた》める」といった中国式の調理法が伝えられました。それと同時に、僧侶のための食事として、動物の肉を用いない、野菜中心の精進《しょうじん》料理と呼ばれる新しい食のスタイルもはじまりました。

次の室町時代には、大豆《だいず》の醤《ひしお》をもとに醤油が生まれます。また茶の湯の発達にともない、茶会で懐石《かいせき》料理が出るようになりました。これは精進料理から派生したものです。

豆腐料理も田楽《でんがく》・湯豆腐《ゆどうふ》などバリエーションに富んだ食べ方が工夫されるようになりました。豆腐そのものも京都の寺院で作られるようになったため、今でも湯豆腐は京都の名物料理となっています。

精進料理の例

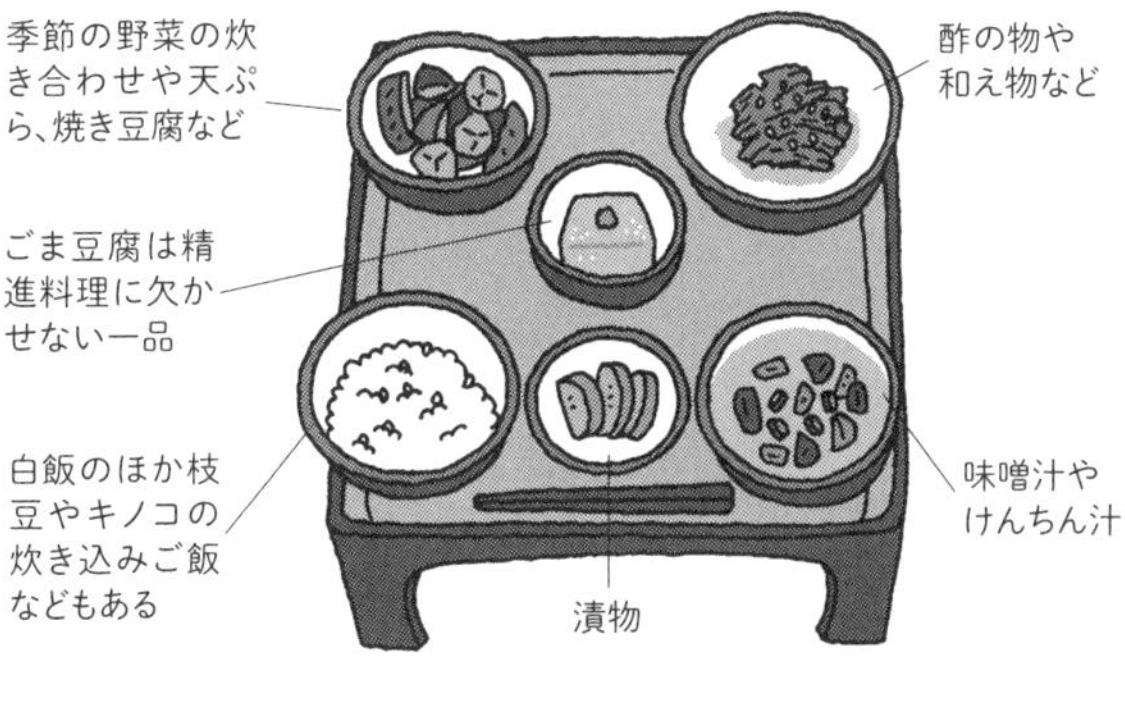

❖お餅はハレの日のごちそう

日本の正月には、祝いの食事として雑煮[1]を食べる慣習があります。餅《もち》そのものはすでに奈良時代から食べられていましたが、白く丸い平たい餅は神聖な食べ物として扱われ、人生の節目や建築祝いなど、ハレの日の食べ物として普及しました。

正月に餅を食べる風習は平安時代の初期から貴族の家で見られましたが、室町時代になると、餅は乾燥させると日持ちがするため、武士が戦に赴《おもむ》く際の携行食となりました。そして現地で土地の名産などを加え、味噌仕立てで食べたことから雑煮が生まれたのです。

当時の雑煮は僧侶や公家、上級武士の食べ物でしたが、江戸時代にかけて庶民にも普及しました。汁の味つけは当初、京都を中心に白味噌仕立てでしたが、江戸後期に醤油を使ったすまし汁が広まり、参勤交代で江戸に来た大名一行を通して各地に広まりました。

現在では餅は東日本の四角に対し、西日本では丸餅が使われ、味付けも東日本の醤油仕立てに対して、西日本では白味噌仕立てが多

英語では?

◆1 雑煮(ぞうに)

soup with rice cakes and vegetables(餅や野菜を入れた汁料理)

◆2 年越しそば

soba noodles eaten on New Year's Eve(新年の前夜に食べるそば)

いようです。

江戸の庶民が発展させた食文化

江戸時代になると、すしやそばなどが手軽さから庶民に好まれ、江戸の隅田川《すみだがわ》にかかる両国橋《りょうごくばし》のたもとには屋台や料理屋が並びました。特に東海道沿いの茶屋ではそばが好まれ、江戸時代中期以降になると、縁起担ぎと重ね合わせて「年越しそば」[2]や「引越しそば」なども生まれました。

また江戸時代には、米は精米が一般的になり、副食として馬鈴薯《ばれいしょ》（ジャガイモ）や甘藷《かんしょ》（サツマイモ）も食べるようになりました。一方、餅菓子や蒸菓子も食べるようになり、喫煙《きつえん》も広まりましたが、一九世紀になると、幕府は倹約のために高価な菓子や料理を禁止して庶民の贅沢《ぜいたく》を取り締まりました。

うなぎの蒲焼《かばやき》[1]は江戸発祥の料理ですが、さばき方でも関東の背開きに対して、関西では腹開きという具合に、地域によって食材や調

用語解説
●1 うなぎの蒲焼（かばやき）
もともとはうなぎは筒切りにして串に刺して焼いていた。その形が植物の蒲（がま）の穂に似ていることから、蒲焼きと呼ばれるようになった。

理法、食べ方にも大きな差があるのが日本食の特徴です。腹開きが関東に普及しなかったのは、武士の切腹を連想させるからです。

❖卑弥呼の時代から酒は飲まれていた

酒にも長い歴史があります。酒は、米や麹《こうじ》を醸造《じょうぞう》させた日本の伝統的なアルコール飲料です。『魏志』倭人伝によれば、邪馬台国の時代に、人の死に際して歌舞飲酒《かぶいんしゅ》する風習があったとされています。そんな昔の時代に、すでに酒が飲まれていたのです。

ヤマト政権の時代になると、酒を造る役所が整備され、奈良時代にかけては米麹による酒造りが進みました。

ところで、仏教では飲酒を忌避《きひ》しているのに対し、神道では神事に欠かせないものとして、祝儀や清め儀式などに用いられます。酒は日本ではハレの日の飲み物として広まりましたが、酒の扱いは世界でも、また同じ国内においてさえ、宗教によって大きく異なっているのが特徴です。

用語解説

●1 樽廻船（たるかいせん）

江戸時代の大坂−江戸間の海運の主力で、樽物（酒）専用の船。兵庫県の伊丹、灘などで生産された酒を迅速に輸送した。

鎌倉時代以降、武家の時代になると、本格的な酒造りが進みました。有力な寺院や神社でも酒造りをはじめ、室町時代には、幕府が酒屋に対して醸造壺数に応じて課税するほど酒造りが盛んに行われました。

江戸時代になると、全国的な流通網が確立したことや問屋組織が整備されたことを背景に、商品生産としての酒造りが発展しました。その結果、兵庫県の伊丹《いたみ》や灘《なだ》などが酒の産地となり、酒樽を専門に運搬する樽廻船[1]に積まれて江戸に運ばれました。

各地にも造り酒屋が生まれ、その玄関の軒下には、新酒ができたことを知らせるシンボルとして、また新酒が完成したことを神に感謝するために杉玉《すぎだま》が吊り下げられました。

杉玉を吊るすのは江戸時代からの慣習

（上）新酒ができると全国の造り酒屋の軒下に下げられる杉玉。
（左）角のような大きな柄をつけた角樽は、祝儀のときの進物として酒を贈るのに用いた。

酒とともに食べるおかずは「酒菜《さかな》」と呼ばれました。魚や野菜など、酒のおかずとなるものはすべて「酒菜」と言いましたが、今では酒のつまみという意味で、「肴《さかな》」という字を書きます。また食べ物だけではなく、酒の宴《うたげ》を盛り上げる歌や踊りをも含めて「肴」と呼んでいます。

❖一〇〇年前、西洋の食文化が広まる

日本に西洋の食文化が入ってきたのは明治時代初期のことです。牛鍋は当時「安愚楽鍋《あぐらなべ》」と呼ばれ、学生たちが鍋をつつきながら文明開化を論じ合いました。パンやアイスクリームは、異人館が並ぶ横浜などの貿易港を中心に広まり、西洋料理はその種類を増やしながら徐々に庶民にも親しまれるようになりました。

大正時代になると、都市部では洋食が普及し、キャラメルやチョコレートが人気食品となり、町にはカフェやビアホールもできました。今から約一〇〇年前のことです。

用語解説

●1 高度成長期（こうどせいちょうき）
戦争で多くの国民や資源を失い困窮した日本が、1950年代半ばから20年近くかけて、飛躍的に経済を回復させた時期。

❖日本人の米離れと食料輸入の問題

戦後、一九五〇年代半ばからの高度成長期[●1]には、日本人の食生活が大きく変わりました。パン食をはじめとする洋食の普及で米が余りはじめ、一九七〇年には「減反《げんたん》」といって、政府が米の作付けを制限するようになりました。また、インスタント食品がその手軽さから爆発的に普及し、町にはファストフードの店も登場しました。

一九八〇年代になると、特にアメリカとの間で貿易摩擦[◆1]が深刻化し、日本は一九八八年に牛肉・オレンジの輸入自由化を認め、一九九三年には米市場の部分開放に踏み切りました。

二〇一三年、安倍晋三内閣は、「聖域なき関税撤廃」ではないことを確認したうえで、ＴＰＰ[◆2]（環太平洋パートナーシップ）協定交渉に参加する意志を表明しましたが、これについては賛否両論が対立しているのが実情です。

英語では？

◆1 貿易摩擦（ぼうえきまさつ）
trade conflict

◆2 TPP（環太平洋パートナーシップ）
Trans-Pacific Partnership

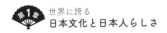

表情豊かな日本語

❖文字の伝来と仮名の発達

日本人がはじめて文字に触れたのは四世紀です。当時、朝鮮半島から渡ってきた人々によって漢字が伝えられ、ヤマト政権のもとでは、文筆を得意とした渡来人が政治・外交に必要な文書の作成を担当していました。やがて、雄略天皇[1]のことを「獲わ加多支鹵《かたける》大王」と記したように、漢字の音《おん》を使って日本語の表記がはじまりました。

奈良時代には漢字の音と訓《くん》で日本語を表す万葉仮名《まんようがな》が生まれ、それを用いて文書のやり取りも行われました。

日本最古の和歌集である『万葉集』[2]には、万葉仮名を用いたいろんな歌が収められています。たとえば、「青丹吉《あおによし》、寧楽《なら》乃《の》京師《みやこ》者《は》、咲花《さくはな》乃《の》薫如《におうがごとく》、今盛有《いまさかりなり》」という有名な歌があります。この歌を表記すると、このように万葉仮名と呼ばれる漢字の羅列になるわけです。

用語解説

●1 雄略天皇（ゆうりゃくてんのう）

5世紀頃に在位したとされる第21代天皇。「日本書紀」には、大泊瀬幼武（おおはつせわかたけ）という名が記されている。

平安時代になると、万葉仮名の字体を崩した草書体《そうしょたい》が生まれ、されにそれを簡略化して平仮名《ひらがな》が生まれました。「に」は「仁」の字を崩したもので、「め」は「女」という字を崩したものです。

片仮名《かたかな》は、仏教の経典を訓読《くんどく》するために僧侶によって考え出された文字で、「伊」から「イ」、「加」から「カ」が生まれたように、漢字の一部をとったものです。

仮名文字によって日本語の表し方が広がり、和歌や宮廷の女流文学なども盛んになりました。

❖宮中で生まれた女房詞・文字詞と古語

宮中や貴族の家に仕《つか》えていた女房《にょうぼう》と呼ばれる女性によって、女房詞《にょうぼうことば》と呼ばれる独特の表現法が生まれました。室町時代前期の記録にいくつかの例が記されています。名詞の前に「お」をつけたり、文字詞《もじことば》といって名詞の後に「もじ」という言葉をつけることで、対象となるものを間接的に表現しました。

用語解説

●2 万葉集（まんようしゅう）
20巻からなる現存する日本最古の歌集。大伴家持が編纂に携わったとされ、約4500首もの歌がおさめられている。

たとえば水。水は冷たいので「おひや」、すしは酸っぱいので「酢もじ」、浴衣◆1や腰巻◆2など湯具関係のものは「湯もじ」、キスは口と口を結ぶので「呂《ろ》もじ」と言います。これが上品な言い方だとして好まれ、江戸時代には広く一般の女性も使うようになりました。

また現代語の中には、古語の言いまわしが形を変えた姿で残っているものもあります。たとえば古語には「ばや」という終助詞があります。「~したい」という願望を表す言葉で、「水飲まばや」は「水を飲みたい」、「声聞かばや」は「声が聞きたい」という意味です。

同じように「会いたい」という意味のことを、古くは「会わばや」と言いました。それが詰まって「あばよ」になり、今では「さようなら」の意味で使うようになりましたが、実は「また会いたい」が本来の意味なのです。

❖ 多様な副詞と婉曲表現

日本語には独特の表現方法があります。動詞や形容詞を修飾《しゅうしょく》する

英語では?

◆1 浴衣（ゆかた）
light cotton kimono worn in the summer, used as a bathrobe

◆2 腰巻（こしまき）
kimono underskirt

副詞[●1]に多く、その言葉を使うことによって、同じものでも多種多様の表現ができるのです。

たとえば「雨が降る」と言う場合。「雨がしとしと降る」、「雨がざあざあ降る」という具合に、雨がどのように降っているか、音に似せた同じ言葉を重ねることで、相手によりリアルで具体的なイメージを抱かせる効果をもっています。これを擬音語《ぎおんご》といいます。

それに対して「歩く」にも、「よちよち歩く」、「ふらふら歩く」、「とぼとぼ歩く」という言い方があります。状態を表すこれらの言葉を擬態語《ぎたいご》といいます。「ゆらゆら揺れる」、「にやにや笑う」なども同じです。

また、「きらきら光る」、「ころころ転がる」のように、清音《せいおん》を繰り返した場合には軽くきれいな印象を与えます。ところが、「ぎらぎら光る」、「ごろごろ転がる」のように濁音《だくおん》を繰り返すと、重く汚い印象を与えます。こうした擬音語や擬態語は、明治時代以降の文学作品の中で頻繁《ひんぱん》に使われるようになりました。

用語解説

●1 副詞(ふくし)

どのような語を修飾するかで、状態副詞(すでに、ひらひら)・程度副詞(もっと、非常に)・陳述副詞(とうてい、なぜ)などに分類される。

ほかにも日本語には、「どんより曇った空」、「からっと晴れた空」、「はんなりとした食感」[1]のような、明快に意味が通じにくい微妙な言い回しもあります。しかし、「からっと晴れた空」と「きれいに晴れた空」は意味が異なります。「からっと晴れた空」とは、空気の冷たさまでをも含めた表現で、「きれいに晴れた空」とは、一点の雲もない状態を強調した表現です。

そのものズバリを表現しないで、婉曲的《えんきょくてき》に表現するのも日本語の特徴の一つです。たとえば人の命が尽きた場合、「死んだ」とは言わずに「鬼籍《きせき》に入《い》る」とか「亡くなった」と言い、お金がなくなることを「底をつく」と言ったりします。

❖ものによって単位が異なる数詞

数を数える時の単位が細かく決まっているのも日本語の特徴です。簞笥《たんす》は「一棹《ひとさお》」と数えます。簞笥は江戸時代に普及しはじめた家具で、火事や引っ越しの時に持ち運びしやすいように棹を通す金具を

英語では？

◆1 はんなり

elegant and quietly beautiful（上品で落ち着きがあって華やか）

つけたことから、単位が「棹」になりました。

犬は「一匹《いっぴき》」、馬は「一頭《いっとう》」ですが、古くは馬は「匹《ひき》」と数えていました。一方の「頭《とう》」は、近代になってからの言い方です。英語で牛などの家畜や大型動物を「head」と数えることに影響を受けたもので、明治から大正期に、「head」の直訳「頭」が大型動物の数え方として定着したのです。

日本にしかない数え方に、神様の数え方「柱《はしら》」があります。キリスト教やイスラム教では神様は唯一なので、そもそも数える必要がないわけですから、八百万の神●1がいる日本独特のものといえます。奈良時代に編纂された『古事記』にも、神は「一柱《ひとはしら》」「二柱《ふたはしら》」と書かれています。

これは商習慣による違いですが、イカは、海で生きているものは「一匹」ですが、商品として市場に出たら「一杯」になり、干したスルメは「一枚」となります。ほかにも、自動車は「一台」なのに列車は「一両」というように、ものによって単位とする言葉が異な

用語解説
●1 八百万（やおよろず）の神
『古事記』に記された神々の数で、実際の数ではなく「たくさんの神々」という意味。神道では信仰の対象ごとに神がいる。

るのは、日本語のおもしろさであり、また難しさといえるでしょう。

英語だとどうでしょう。コーヒー一杯といった場合は「a cup of coffee」、水の場合は「a glass of water」と表現が異なるのに似ています。しかし英語の場合は、「a fish」で魚一「匹」、「a book」で本一「冊」という意味になるので、日本語の数詞ほど単位が細かく区別されているわけではありません。

❖自然を意識した言葉

日本人は自然そのものをこよなく愛します。縄文時代には山・川・岩・木などの自然を神として信仰する自然崇拝の観念が生まれ、やがて、平安時代の中ごろに開花した国風文化では、日本の自然・風土にかなった精神が尊ばれました。

その精神は漢語にも表れ、自然の美しい風景・景色を「風光明媚《ふうこうめいび》」や「花鳥風月《かちょうふうげつ》」という言葉で表す、漢字四字の熟語も生まれました。

用語解説

●1 しぐれ煮

生姜を加えた佃煮の一種。貝のむき身や牛肉などが材料。

●2 おはぎ

餡やきな粉が餅の外側についている和菓子。秋のお彼岸に食べる。

ものの名前を自然からとることもよくあります。食べ物の名前に多くみられ、食材の「はるさめ」、菓子の「あられ」、「雷おこし」、惣菜の「しぐれ煮」[1]などは自然現象そのものから命名したものです。また、「おぼろ豆腐」、「おはぎ」[2]、「桜もち」[3]、「春菊」、「もみじおろし」や、植物の「霞草《かすみそう》」、「雪柳」なども自然を意識した命名です。

季節感を出すために、「サンマ」を「秋刀魚」と当て字で書くのもその一例です。力士の四股名《しこな》にも「〜花」、「〜山」、「〜海」、「〜川」など自然を意識したものが多く使われてきました。

また、自然を意識した言葉は、手紙にもよく使われます。手紙文は時候《じこう》の挨拶《あいさつ》からはじまります。文頭には「ようやく春めいてまいりましたが」、「残暑厳しい折」など、季節に応じた言葉を添えながら、相手を気遣う一文を添えます。

時候の挨拶にあたるものはすでに江戸時代にはありましたが、当時は口上《こうじょう》と呼ばれ、武士や商人の事務連絡で使われた書状の頭に入る決まり文句でした。これが今のように一般の手紙に記す挨拶文と

用語解説
●3 桜もち
塩漬けした桜の葉で包まれた和菓子。あん全体を饅頭のように包む「道明寺桜餅」と、薄い皮で挟むだけの「長命寺桜餅」が有名。

して普及するのは、やはり明治時代以降、郵便制度が整ってからのことです。

❖気遣いも表現する日本語の特殊性

日本人の言語文化の象徴として、丁寧語《ていねいご》・謙譲語《けんじょうご》・尊敬語という表現法の区別があります。いずれも相手に対して礼を欠いたり、相手に不愉快な思いをさせまいとする配慮が働いていますが、ＴＰＯによって使い分けなければなりません。

日本人は、生き方として義理・人情を大切にしてきましたから、義理を欠かないように「気遣い」[◆1]にも気をつけます。そのため、何かを決める時には「根回し」[◆2]という慣習も生まれました。

ところが、日本人の場合は言葉に感情が入る傾向が強いため、同じ言葉でも、相手に伝わる力と印象に大きな差が生まれます。話せばなんでもない言葉でも、メールのような文字だけで表現した場合、不本意な印象を与えたり、誤解を生じさせることもあります。

英語では？

◆1 気遣(きづか)い
considerate regard for others(他者に対する思いやりのある配慮)

◆2 根回し
laying the groundwork

日本語に限らない話ですが、言葉のもつ力は、時には相手を励ます特効薬にもなるし、「口は災《わざわ》いの元《もと》」●1 という故事《こじ》もあるように、時には相手を死にも追いやるほどの牙に変わることもあるのです。

言霊《ことだま》という言葉があります。古代では、言葉には霊力が宿り、その言葉を口にすると、その通りの現象がおこるとさえ考えられていました。言霊によって幸せがもたらされる国という意味で、『万葉集』の中では日本を「言霊の幸《さきは》ふ国」とも表現しています。

また時代とともに、本来の意味とは反対の意味で使われるようになった言葉もあります。「貴様」は、本来は「貴いあなた様」という敬意に満ちた言葉でしたが、今では相手を見下すぞんざいな言葉として認識されています。「手前」は自分自身を謙遜《けんそん》する言い方でしたが、東京方言では「てめえ」と言い、怒りの感情とともに相手をおとしめる、ぞんざいな喧嘩《けんか》言葉として使われるようになりました。

用語解説
●1 口は災いの元
不用意な発言が思いがけない災難を招くということ。「口は禍のもと」、「口は禍の門」などとも言う。

❖ 地域の絆を深めるバリエーション豊かな方言

南北に弓なりに伸びる島国日本では、北と南、東と西とでは言葉遣《づか》いも大きく変わります。地域色豊かな言葉は方言◆1と呼ばれ、それはその地域での標準語◆2となっています。これまで首都東京の言葉が標準語と言われてきましたが、それは誤りです。

たとえば「やっちゃやっちゃ〜！」と聞こえる威勢のいい競《せ》りの掛け声から、青果市場のことを「やっちゃ場」と言ったり、「ひ」と「し」の区別が曖昧《あいまい》で、「日比谷《ひびや》」と「渋谷《しぶや》」が聞き取れないなど、東京にも独特の方言や発音があります。強《し》いて言うなら、東京で使われている言葉は標準語ではなく、共通語というものでしょう。

同じ東京でも、「何言ってやがんでぇ！（＝てやんでぇ！）」、「ざまあ見やがれ！」といった下町言葉のように、地域によっても違います。下町言葉は、江戸っ子気質●1がみなぎる「べらんめい調」が特徴で、早口で威勢のいい言葉は主に職人の間に広まりました。

日本全体で考えた場合、方言には本土方言と沖縄方言があります。

英語では？

◆1 方言（ほうげん）
dialect

◆2 標準語（ひょうじゅんご）
standard language

しかし、本土でも東北地方と関西地方では土地言葉に大きな違いがあり、アクセントやイントネーションの違いは「訛《なま》り」として認識されてきました。方言では、関東では「そうだ」というのが、関西では「そうや」、甲信地方では「そうずら」というように、言葉の語尾《ごび》にその特徴がよく表れています。

方言にはよそよそしさがないため、地域の人々の絆《きずな》を深める役割も果たしてきました。青森県では、日本人同士の最も短い会話のやり取りを聞くことができます。それは「どさ」、「ゆさ」という二文字ずつのやり取りです。「どこに行くのですか?」との問いに対して、「これから湯に入りに行きます」という意味で、これだけの発音で会話が成立しているのですから不思議です。

また、関西では「早うせんか」と言いますが、関東では「早くしなさい」と言います。しかし、朝の挨拶は全国的に「お早うございます」と、関西の言葉を含めて使っているのも、おもしろい現象です。

用語解説

●1 江戸っ子気質(かたぎ)

「江戸っ子は皐月の鯉の吹き流し、口先ばかりで腸(はらわた)は無し」と言ったように、口ではぽんぽん言っても、さっぱりした性格ということ。

❖性別・職業・場所で使い方もいろいろ

日本語の使い方をみると、男言葉の「そうかな？」に対して女言葉では「そうかしら？」と言うように、男女の間でも使い方に多少の差があり、また、職種によっても言葉遣いが大きく違います。

人を相手とする接客業やサービス業では、一般に丁寧語・謙譲語・尊敬語が基本ですが、漁業など厳しい大自然と格闘する職種では、力強い言葉が大声で使われます。網を引く時、「では網を引きましょう」では仕事になりません。大声で「網引けーっ！」と怒鳴りながら気合を入れないと、自分が海中に引っ張られてしまうからです。

一方、たとえば結婚式においては、「切れる」を連想する言葉は慎《つつし》むべきとされるなど、時と場によっては使ってはならない忌み言葉◆1もあるので、その場の状況に応じて使い分ける必要があります。なので、結婚式や披露宴の席上で「♪今日でお別れ」を歌うなどは言語道断、絶対に慎まなければなりません。

英語では？

◆1 忌（い）み言葉
a taboo word, a word considered to be unlucky

◆2 太陽暦（たいようれき）
solar calendar（地球が太陽をまわる周期をもとにした暦）

日本の一年と人々のくらし

❖江戸時代まで使われた旧暦

温帯モンスーン気候に属する日本には、春夏秋冬という四季の区別があります。また、太陰太陽暦●1が使われていた江戸時代までは、一年を四期に分け、季節については、一月から三月までを春、四月から六月までを夏、七月から九月までを秋、一〇月から一二月までを冬と区分しました。ですから、太陽暦◆2を使う今と比べると、季節にも一～二ヶ月ぐらいのズレがあります。また一年の十二ヶ月を月の異名《いみょう》で表していました。

一月は睦月《むつき》、二月は如月《きさらぎ》、三月は弥生《やよい》、四月は卯月《うづき》、五月は皐月《さつき》、六月は水無月《みなづき》、七月は文月《ふづき》、八月は葉月《はづき》、九月は長月《ながつき》、一〇月は神無月《かんなづき》、一一月は霜月《しもつき》、一二月は師走《しわす》といいました。

「弥生」や「皐月」は人名にも使われ、「師走」は「師も走る」と

用語解説

●1 太陰太陽暦（たいいんたいようれき）
月の満ち欠けを基準にした太陰暦に、季節変化など太陽暦の要素を取り入れて作った暦。2～3年に一度、1年が13ヶ月になる。

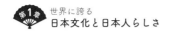

いう歳末《さいまつ》の忙しさを滲《にじ》ませた言葉です。また一〇月は全国の神々が出雲大社《いずもたいしゃ》に集まるとされたので、出雲地方では「神無月」ではなく、「神有月《かみありづき》」と呼びました。

季節の移り変わりを示すだいたいの日を決め、それを二十四節気《せっき》という方法でも表しました。中国から伝わった季節を示す言葉で、「大寒」、「立春」、「春分」、「夏至《げし》」、「立秋」、「秋分」、「冬至《とうじ》」など暦には必ず書いてあるものですが、特に馴染み深いものについてはテレビの天気予報でもとりあげられています。

❖行事にみる季節の移ろい

日本では、宮中や寺院・神社を中心に、決まった季節の決まった日にさまざまな儀式や行事が行われてきました。これを年中行事[◆1]といいます。

古代から、二月にはその年の五穀豊穣《ごこくほうじょう》を祈る祈年祭《としごいのまつり》が行われ、一一月には豊作を神に感謝する新嘗祭《にいなめさい》が行われました。新嘗祭は今日、

英語では？

◆1 年中行事（ねんじゅうぎょうじ）
yearly event, annual function

◆2 初詣（はつもうで）
first temple or shrine visit of the New Year(新年で最初の参拝)

勤労感謝の日となっています。季節の変わり目に行う衣《ころも》替《が》えは、平安時代に宮中を中心に四月一日と一〇月一日に行われ、それぞれ夏装束《なつしょうぞく》・冬装束に替えました。

また日本人は、古くから仏事や神事、祭りを通して季節の到来を感じていました。奈良の東大寺二月堂では「お水取り」という儀式を通して春を迎え、京都では「五山《ござん》の送り火」で夏を送り、秋を迎えます。

民間でも、年のはじめにあたる正月が室町時代から重要な意味をもってきました。人々は寺院や神社に初詣[◆2]に出かけ、一年の幸福を祈ります。一月七日には七《なな》

\ Culture & History /

もっと 知りたい日本!

日本の国花と国鳥は何?

日本人に最もなじみの深い花といえば桜です。桜は皇室の紋章である菊とともに、慣習上、国花と認められています。古典文学でも、花といえばはじめは梅、のち桜をさすようになりました。

国鳥はキジです。一九四七年に日本鳥学会が選定していますが、国花も国鳥も、法律で定められたものではありません。

草粥《くさがゆ》を食べ、●1松の内が終わると正月飾りを●2どんど焼きで焚き上げて清めます。

一年を通じて人々は四季の楽しみ方も覚え、春には桜見物の花見、夏には納涼を求めて花火、秋には紅葉狩りに興《きょう》じてきました。また、山に映《は》える残雪の形で農作業の時期を見極めたり、暑い夏や雪深い冬に備えた食糧の保存方法を生み出すなど、人々は四季折々の自然の姿によって、さまざまな智恵を学んできたのです。

古代以来、仏教信仰は日常生活にも深く根を下しました。太陽が真東から出て真西に沈む春分の日と秋分の日を彼岸《ひがん》の中日《ちゅうにち》といい、旧暦の七月十五日には先祖の霊を迎える盂蘭盆《うらぼん》が行われ、先祖の墓参りをするなど民間でも仏事が営まれてきました。

仏事とかかわるさまざまな芸能も育まれ、室町時代には念仏踊りと風流《ふりゅう》踊りが結びついて盆踊りがはじまりました。現在では、徳島の阿波《あわ》踊りのように伝統芸能として各地で行われ、夏の風物詩となっています。

用語解説

●1 松の内（まつのうち）

正月飾りを吊しておく元日から1月7日までの間のこと。

●2 どんど焼き

正月飾りを焼く行事で、火がどんどん燃え盛るさまから呼ばれる。

キリスト教の影響を受けたクリスマスも、信不信にかかわらず、今では恒例の年中行事となりました。日本の神話が誕生したヤマト政権の時代から、八百万《やおよろず》の神を信じてきた日本人らしい現象といえるでしょう。それが終わると大晦日《おおみそか》にかけて年越しの準備がはじまります。一二月三一日の深夜、寺院では一年間の煩悩●3を払い除《の》けるために、除夜《じょや》の鐘を一〇八回ついて、行く年を送り、来る年を迎えます。

寺院で鐘をつく行事は中国の宋ではじまり、鎌倉時代に禅宗とともに日本に伝わりました。もともとは朝と暮《く》れ、日に二回鐘をついていたのですが、大晦日の夜に一〇八回つくようになったのは室町時代のころからです。

除夜は「旧年を除く夜」という意味で、一年最後の日（＝大晦日）の夜を指し、一〇八は人間の煩悩の数といわれています。

用語解説

●3 煩悩（ぼんのう）
怒りや嫉妬心、執着心、欲望といった人間の心を悩ませるもの。仏教の世界では、これらを断ち切ると、悟りの境地に入るといわれる。

❖人々の祝い日「ハレの日」

江戸時代に、幕府は祝い日として五節句《ごせっく》を定めました。春の七草を入れて粥を食べる一月七日を人日《じんじつ》、雛《ひな》人形を祭る三月三日は上《じょう》巳《し》、五月五日は端午《たんご》の節句で今では「こどもの日」となっています。七月七日は七夕で、九月九日は重陽《ちょうよう》です。

これらの祝い日や、人生の通過儀礼[◆1]としての誕生・成人・結婚・葬式など、日常と異なる特別の日を「ハレの日[◆2]」といい、衣や食にもそれにふさわしいものが求められました。「晴れ着」や「赤飯」などは「ハレの日」を象徴するものです。

「ハレの日」に対して、普通の日常は「ケの日」とされ、「晴れ着」に対して日常の服は「普段着」と呼ぶなど、「ハレ」と「ケ」は厳密に区別されました。

ハレとケという考え方は、民俗学者の柳田国男《やなぎたくにお》が大正以降に提唱したものなので、それ以前はハレとケという言葉による区別はありませんでした。しかし、邪馬台国《やまたいこく》の時代、人が死ぬと歌舞飲酒する

英語では?

◆1 通過儀礼（つうかぎれい）
initiation, rite of passage

◆2 ハレの日
formal occasion

習わしがあり、それが非日常の姿だとして『魏志』倭人伝にも記されていますから、ハレとケという言葉の区別はなくても、日常と非日常の区別は原始時代にはすでにあったと考えられます。

祝い日としての五節句は、明治時代の初期、太陰太陽暦から太陽暦に改暦した時に廃止となりました。しかし、現在でも民間では慣習として受け継がれ、「雛祭り」や「こどもの日」として地域や家族でさまざまなイベントが行われています。

❖外国とは異なる数字と序列への関心

五節句からもわかるように、一月七日以外は数字が重なった日が祝い日となっています。これは、古代に中国から入ってきた陰陽道◆3という思想にもとづくもので、「あらゆるものは陰《いん》と陽《よう》からなる」という考え方によるものです。数字にも陰と陽があり、陰の最高が八、陽の最高が九とされたため、九月九日は「陽」が重なることから重陽と呼ばれました。

英語では？

◆3 陰陽道（おんみょうどう）
divination by the principles of Yin and Yang
（陰と陽という原理を基礎にした占い）

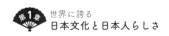

また、憲法十七条の十七は、八と九の合計数です。それを制定した厩戸王《うまやどおう》（聖徳太子《しょうとくたいし》）は陰陽道のこともよく知っていたようです。日本では古くから、偶数よりも奇数がめでたい数と考えられてきました。「三三七拍子」や、めでたい時に行われる「三々九度」なども奇数です。人生の通過儀礼として行われる「七五三」も奇数の年に行われます。七五三の数字を加えると十五になりますが、十五という数は仏教では完成状態を意味しています。

日本人は当初、西洋の算用数字に対しては苦手意識が強かったようです。書物の場合、欧米では一巻・二巻……と数えるので、そのシリーズが全体で何巻まであるかはすぐにはわかりません。

ところが、日本でも「巻一」という言い方もありますが、上巻という言い方をしますから、その本は中巻・下巻と多くても三巻で完結するものとわかります。成績を示す場合でも、昔は甲《こう》・乙《おつ》・丙《へい》・丁《てい》で区別し、大学では優・良・可・不可と示します。

食文化でも、すしやテンプラ料理には序列を設け、松・竹・梅で●1

用語解説

●1 松・竹・梅

松竹梅は慶事の象徴で、順番は、おめでたいものに加わった時代の順。松は平安時代、竹は室町時代、梅は江戸時代。

区別してきましたが、最近では「並」を基準に「上」や「特上」、「大盛」や「特盛」というランクで差別化を図る店も増えました。こうしたところにも、数字と序列に対する日本人の心情や考え方がよく示されています。

❖冠婚葬祭に残る日本のしきたり

日本人は義理を欠くことを嫌います。特に冠婚葬祭《かんこんそうさい》は、近所づきあいの絆を深めるうえでも重視され、その形式などにこだわりをもつ人が多いようです。冠とは成人式、婚は結婚式、葬は葬式、祭は先祖の祭りのことです。

成人式は二〇歳になったことを一つの区切りとし、成人としての意識をもたせるための儀式ですが、すでに奈良時代には一五～一七歳で元服●2して成人となりました。元服では、冠として烏帽子《えぼし》をかぶせたため、「冠」は成人式を意味するようになりました。今日の成人式は地域によって実施日もバラバラで、旧友が集《つど》い旧交を温める

用語解説
●1 元服（げんぷく）
おおむね15歳前後に行われる男子の成人式のこと。起源は奈良時代。冠または烏帽子をかぶせて幼名を廃し、新たに名前をつけた。

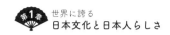

日という役割ももつようになりました。この時、未婚の女性は晴れ着として振袖《ふりそで》を着て「ハレの日」を祝いましたが、今では服装も自由になりました。

結婚の場合は、式の前に結納◆1を取り交わすしきたりがあります。新郎・新婦両家が、婚約のしるしに品物を交換し合う儀式ですが、近年ではこれも省略することが多くなりました。

葬式は、宗教によって進め方に大きな違いがみられます。日本の場合、江戸時代に寺請《てらうけ》制度が整ったために、すべての人々はいずれかの寺院の檀家◆2にならなければなりませんでした。したがって、今日でも仏式で行うケースが多いのですが、宗派によって死者に対する考え方も大きく異なっており、また地域によっても慣習が異なるため、参列した人々にも作法に大きな違いがみられます。

日本には神道やキリスト教など、さまざまな宗教が混在していますから、葬式の方法も、それぞれのやり方で執《と》り行われています。たとえば神道では人の死を不浄《ふじょう》として扱うので塩で清めますが、浄

英語では？

◆1 結納（ゆいのう）
betrothal gift, engagement gift（婚約の贈り物）

◆2 檀家（だんか）
supporter of a Buddhist temple（お寺を支援する人）

土真宗では人の死を穢《けが》れとみなさないため、守り刀や振り塩は使いません。宗教や地域の違いはもちろん、それぞれの家の慣習や方針もありますから、普遍的な葬式というものはないのです。

ちなみに古墳時代は土葬でしたが、七〇〇年に道昭《どうしょう》という僧侶が荼毘《だび》に付されて以来、日本でも火葬が広まるようになりました。

祭とは、法事や彼岸、お盆などの祭事のことで、墓参りなどで先祖を供養しますが、お盆で見られる盆棚●1の飾り方一つをとってみても、地域によって様式はさまざまです。

冠婚葬祭には、祝儀や香典として現金を熨斗袋《のしぶくろ》に入れる慣わしがあり、祝儀・不祝儀によって使用する袋も異なります。熨斗袋の熨斗とは、祝儀の時に相手に渡す贈り物につけた飾りのことです。心づけなどを包む袋として商人や宿場などで広まりはじめたのは、江戸時代ごろと考えられています。

用語解説

●1 盆棚（ぼんだな）

盂蘭盆会（うらぼんえ）に精霊を迎えるためにこしらえる供養棚。棚に真菰（まこも）で編んだゴザを敷き、位牌や盆花、供物を並べて飾る。

❖神社と参拝の作法

日本には「苦しい時の神頼み」という言葉があるように、祈願のために神社に参拝することがあります。神社には、たいてい聖域《せいいき》への入り口に鳥居《とりい》が立っています。鳥居という名前の由来にもいろんな説がありますが、単純に「鳥が居る所」という意味もあるようです。現存する最古の鳥居は山形市内にある「元木《もとき》の石鳥居」で、平安時代の後期に作られたものです。凝灰岩《ぎょうかいがん》でできており、国の重要文化財に指定されています。

現在ではコンクリート製の鳥居が多い中、佐賀県の有田町の陶山《すえやま》神社や長崎県の宮地嶽八幡《みやじだけはちまん》神社の鳥居のように、磁器で作られた非常に珍しいものもあります。また、鳥居は神社の象徴なので、同じ形の図柄が地図記号としても用いられています。

地図記号は世界共通ではありませんが、病院には十字マークを使う国は多いでしょう。しかし墓地の場合、欧米では十字架の図柄（✝）が多いのに対して、日本では墓石をイメージさせる⊥という図柄を使います。

参拝の際には鳥居の中央を通らずに、端側をぐるというしきたりがあります。中央は神が通るところだという考え方からです。鳥居の先には手水舎《ちょうずや》という清水が湧き出ているところがあり、柄杓《ひしゃく》で水をすくって両手と口をすすぎ、清めます。賽銭《さいせん》を入れた後に鈴を振り、神を呼びます。そして二礼二拍手一礼●1してお参りします。

なお、寺院の場合は、鳥居にあたるところに山門があり、神殿にあたる建物として本堂があります。寺院の場合は、仏前で静かに合掌《がっしょう》します。この時、柏手《かしわで》を打ってはいけません。キリスト教では左右の指を胸の前で組んだり、十字を切ったりしますが、カトリックとプロテスタントでは礼拝のしかたにも違いがあります。

このように、参拝の方法一つとっても宗教によって作法がまったく異なっていながら、日本人はそれをうまく使い分けて、しきたりを守ってきました。

用語解説

●1 二礼二拍手一礼

2回おじぎをした後、2回柏手を打ち、もう1回おじきをする、という神様への挨拶の仕方。出雲大社と宇佐神宮では二礼四拍手一礼になる。

❖しきたりは共同体のルール

共同体におけるしきたりは、人々の道徳心や倫理観によって支えられ、近所の人間関係をよりよいものにする効果を発揮してきました。冠婚葬祭はもちろん、引越しの際に、近所に品物を持参して挨拶することなどはその典型といえます。

官庁でも異動の際には引継ぎを兼ねた「あいさつ廻り」というしきたりがあります。また、地域には独自のしきたりがあるので、「郷に入っては郷に従え」[◆1]という格言も生まれました。

しきたりを守ることが、共同体生活を円滑かつ円満に送るうえでの基本とされてきたため、特に江戸時代においては、盗みや暴力など、共同体の秩序を乱すような行為をした場合、「村八分」[●1]という制裁が加えられました。

❖日常生活に残るしきたりとマナー

年中行事では、一月には鏡開きを行い、二月の節分には豆をまい

英語では？

◆1 郷に入っては郷に従え

When in Rome, do as the Romans do.

（ローマでは、ローマ人と同じように振る舞え。他の場所に行けば、現地人と同じように振る舞え）

て邪気《じゃき》を祓《はら》います。三月三日には雛人形《ひなにんぎょう》を飾って女児の成長を祈り、五月五日の端午《たんご》の節句には男児の成長を祈って、こいのぼりをあげます。こうした行事は平安から室町時代にその原型がはじまり、江戸時代に今のようなかたちになったようです。

江戸時代からはじまったこともたくさんあります。夏場の土用《どよう》の丑《うし》の日にはウナギを食べて暑気を祓い、大晦日には年越しそばを食べて新年を迎えるなどです。このように生活の中にもさまざまなしきたりがあり、これまでずっと受け継がれてきました。

日常生活の中にもたとえば、飯碗と汁椀では飯碗を左側に置くとか、魚は頭を左側に腹を手前にして置くといったしきたりがあります。茶道や華道のような芸道では、「作法《さほう》」という名のしきたりが受け継がれ、柔道や剣道、相撲では、「礼」を基本とするしきたりが重視されています。

どの国にもしきたりはありますが、日本の場合は神事や禅宗と結びついたしきたりが多いのが特徴です。しかし、日本の場合、しき

用語解説

●1 村八分（むらはちぶ）
中世から近世の村落で行われた集団制裁。取り決めた掟に違反した住人は村落全体から絶縁される。火事と葬儀の「二分」だけは村落全体で行う。

たりには強制力はありません。

ところで、しきたりとマナーはニュアンス的には似ていますが、全く違います。たとえば封書の宛名に「様」や「御中」をつけることは、しきたりではなく、礼儀にかなっているかどうかというマナーなのです。マナーですから、これは守らなければなりません。

昭和時代以前は、書状の宛名の末尾に「殿」という敬称をつけたものが普通に見られましたが、上から下へという意識がともなう言葉として、また「様」よりは敬意が軽いという理由で私信にはほとんど使われなくなりました。

また、日本には年に二度、書状で相手に近況を伝えながら挨拶をする慣習があります。正月の年賀状と夏の暑中見舞いです。平安時代の貴族は、新年にあたって和歌などを添えた書状を出していました。現在のように年末年始にかけて出し合うようになったのは、明治時代の初期に郵便制度が整い、全国に郵便網がはりめぐらされてからのことです。

用語解説

●1 寝殿造（しんでんづくり）
平安時代の貴族社会の住宅様式。南の方角に面した部屋を中心にして、北、東、西の三方にも、それぞれの方角に面した部屋を設けたつくり。

❖日本の伝統と美意識

日本らしさを最もよく示しているのが日本庭園です。平安時代に貴族が住んだ寝殿造[1]の家には、池や築山などを配した独特の寝殿造庭園が営まれました。

浄土教が流行した平安中期以降になると、極楽浄土を見立てた浄土庭園も営まれました。庭の大きな池に反《そ》り橋をかけ、それを渡り切れば浄土にたどり着けるというのが作庭の着想です。

江戸時代には、池や築山《つきやま》などを配した庭の中をゆっくり歩いてめぐることができる、回《かい》遊式《ゆうしき》庭園が造られました。回遊式庭園では、岡山の後楽園《こうらくえん》や金沢の兼六園《けんろくえん》などが代表的です。

日本庭園は日本らしさの象徴

古都金沢の名勝兼六園。霞ケ池北岸の徽軫灯籠(ことじとうろう)は、周囲のモミジの古木、曲水に架かる虹橋と美しい調和を見せている。

このように日本では、寺院の庭園や大名屋敷の庭園が情緒豊かな庭園として知られ、苔《こけ》や石灯籠《いしどうろう》などは風情を醸し出すのに大きな役割を演じています。また、地中の空洞に滴《したた》り落ちた水滴が反響して音を出す、水琴窟《すいきんくつ》という仕掛けのある庭もあります。

美術では日本画、大和絵《やまとえ》、水墨画などが素朴な印象を与え、文学では、古来から和歌が親しまれ、江戸時代には風刺《ふうし》を効かせた川柳◆1や狂歌《きょうか》という新たな文芸も盛んになりました。趣味では盆栽《ぼんさい》も人気があります。

❖遊びやスポーツも歴史が育んだ文化

子どもの遊びやスポーツなどにも、日本の伝統を感じるものがあります。

日本の子どもは、コマ回し、はねつき、たこあげ、かくれんぼ、鬼ごっこ、かるた、おはじき、竹馬、めんこ、折り紙、あやとりなどで遊んできました。自然を利用したものや、独自に編み出したも

英語では？

◆1 川柳（せんりゅう）
comic haiku（狂歌はcomic tanka）

のなど多様にあります。

ところが、外国にも同じような遊びがあるのです。オーストラリアの鬼ごっこでは、捕まった場合にキスをするというルールがあり、「キャッチ・アンド・キス」という名前で呼ばれています。じゃんけんなどは世界的にも広く行われています。

日本的なスポーツには剣道・柔道・相撲《すもう》などの武道があり、国技として親しまれてきました。なかでも相撲の起源は古く、『古事記』や『日本書紀』の中にも関連する記述が見られますが、現在のように職業力士が相撲をとるようになったのは江戸時代からです。

注連縄[1]をつけた横綱は土俵入りで拍手《かしわで》を打ち、また、本場所がはじまる前に行司《ぎょうじ》が祭主として土俵祭りを司ることなどからもわかるように、相撲は神事としての性格が強いものです。平安時代には相撲《すまい》の節会《せちえ》といって、天皇がご覧になる天覧《てんらん》相撲も行われ、江戸時代には将軍がご覧になる上覧《じょうらん》相撲も行われました。

ちなみに、相撲の行司の装束《しょうぞく》（烏帽子《えぼし》や直垂《ひたたれ》）は、室町時代の武

用語解説

●1 注連縄（しめなわ）
神前や神事の場にめぐらせて、神聖な場所と不浄な外界とを区別するための縄。正月には一般家庭の玄関などにも飾られる。

士の格好です。

❖衣食など生活用品に込められた日本らしさ

生活面では、未婚女性が着る振袖や既婚女性の留袖《とめそで》といったキモノのほかに、羽織《はおり》・袴《はかま》、浴衣《ゆかた》、足袋《たび》などが着用されてきました。

行灯◆1も照明具として江戸時代以来、一般の生活に用いられました。扇子《せんす》は平安時代初期に日本で発明された折りたたみ式のうちわで、舞いや儀式などにも用いられましたが、一〇世紀にはすでに中国の北宋に輸出されていました。

そのほか、東北地方の「こけし◆2」、「赤べこ」、「南部鉄器」、「わっぱ」と呼ばれる弁当箱や、飛騨《ひだ》地方の「さるぼぼ」のように、生活の中から生み出された郷土色の強い民芸品もあり、外国人にはお土産としても喜ばれています。

英語では？

◆1 行灯（あんどん）
lamp with a paper shade

◆2 こけし
wooden doll with a spherical head（丸い頭部の木の人形）

\ Culture & History /

もっと知りたい日本！

日本の国名は、にほん？ にっぽん？

中国の歴史書では、わが国のことを古くは「倭国《わこく》」などと呼んでいました。それが、七世紀に中国の隋《ずい》に対して送った国書に「日《ひ》出《い》づる処《ところ》」と記したことから「ひのもと」という意味が生まれ、七世紀後半、天武天皇のころから「日本」という国号が使われるようになりました。

「日本」の文字は、「やまと」と読まれたこともありましたが、奈良時代以降は「にほん」または「にっぽん」と読まれるようになりました。現在でも両方の言い方が混用されています。日常の使い方で、どちらが正しいという法律的な決まりはありませんが、スポーツなどでは「にっぽん代表」という言い方が一般的です。

マルコポーロは『世界の記述』（『東方見聞録《とうほうけんぶんろく》』）に、中国人の発音を聞いて日本を「Zipangu」または「Jipangu」と書き記したとされ、中国人の発音をオランダ人は「Japan」と聞いたとされています。それがもととなって、現在では、英語・ドイツ語・オランダ語では「Japan」、イタリア語では「Giappone」、スペイン語では「Japón」フランス語では「Japon」と表記します。

ちなみに現在では、政府専用機の機体にも書かれているように、公的にはもっぱら「日本国」が国号として使われています。

第2章

知れば知るほどおもしろい日本の歴史

原始時代からはじまる日本の歴史は、どのようにして現代につながってきたのでしょう。古代日本が目ざした中央集権国家への歩み、公家から武家への政権交代、名将を輩出した戦国時代、長い太平を謳歌した江戸時代、黒船来航で幕を開けた世界との交流、そして明治から昭和・平成の複雑な社会の動きまで、流れを追ってわかりやすく解説。日本史は知れば知るほどおもしろい！

時の区切り方・表し方

❖日本史の時代と時❶～時代区分のルール

日本の歴史を「時代」という枠《わく》でとらえることは、歴史をふり返るうえで最も基本的なアプローチのしかたです。

日本の歴史は、打製石器[●1]を使っていた旧石器時代からはじまり、縄文土器[◆1]が用いられた縄文時代、弥生《やよい》土器が用いられた弥生時代、そして古墳《こふん》の築造を時代の象徴とする古墳時代へと続きます。ここまでの時代名は、使われた道具や遺構《いこう》にちなむ呼び名です。

やがて時代は、飛鳥《あすか》（今の奈良県高市郡明日香村付近）に都があった飛鳥時代、奈良に都があった奈良時代、平安京と呼ばれた京都に都が移ってからは平安時代、鎌倉が武家政治の拠点となった鎌倉時代、京都の室町《むろまち》に政庁が置かれた室町時代、織田信長の安土《あづち》城と豊臣秀吉の伏見城を中心とする安土桃山時代、武家政権の中枢《ちゅうすう》が江

用語解説

●1 打製石器（だせいせっき）
自然石を打ち砕いて作られた原始的な道具。旧石器時代には石斧や石槍などが使われた。

戸城にあった江戸時代へと移り変わりました。

ここまでの時代名は、政権の所在地の名をとったものです。この区分法であれば本来は、明治維新後から現代にいたる時代は東京を首都にしているので東京時代と呼ばれるはずですが、明治時代からは、天皇一代を一つの時代としてとらえるようになりました。そのため江戸時代に続く時代は、明治時代・大正時代・昭和時代・平成時代と呼ばれています。ちなみに、これまでの歴史の中で最も長く続いたのは、四〇〇年近く続いた平安時代です。

また、それぞれの時代をいくつかにまとめて大きくとらえる区分法もあります。旧石器時代・縄文時代・弥生時代をまとめて原始時代、古墳時代から平安時代中期までを古代、平安時代後期・鎌倉時代・室町時代を中世、安土桃山時代から江戸時代後期までを近世、江戸時代末期から一九四五年の太平洋戦争の敗戦までを近代、戦後から今日までを現代と区分する方法です。

しかしこれは必ずしも決まったとらえ方ではありません。たとえ

英語では?

◆1 縄文土器（じょうもんどき）
cord-marking pottery vessel（縄の跡がつけられた陶器）

ば、近代のはじまりを象徴する明治維新のスタート時期をいつにするかによってもさまざまな説があるので、一応の目安としてとらえておけばいいでしょう。

❖日本史の時代と時❷〜西暦・年号・干支での表し方

今は日本の歴史でも、時（年や年代）を西暦で示すことが多くなりました。西暦とは西洋の暦のことで、イエスキリストが生まれたとされる年を紀元《きげん》一年として起点とし、それ以前を紀元前、それ以後を紀元〇年と数えます。日本では、明治時代に入ってから太陽暦の一つであるグレゴリオ暦をとり入れ、明治五年一二月三日を一八七三年一月一日としました。

時（年や年代）の表示方法には、たとえば二〇一三年＝平成二五年というように、日本には漢字を用いた年号◆1（元号）があります。日本で使われた最初の年号は「大化《たいか》」です。そして七〇一年に「大宝《たいほう》」という年号がたてられて、年号制度が法的に確立しました。

英語では？
◆1 年号
name of an era（時代の名前）

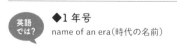

それまでは、「推古天皇〇年」や「天智天皇〇年」など、天皇の名前と年数で表しています。また日本の歴史には、たとえば「応仁《おうにん》の乱」の「応仁」や、「享保《きょうほう》の改革」の「享保」のように、用語にも年号をつけた例がたくさんあります。また年号は一般的には漢字二文字で成り立っていますが、奈良時代には「天平勝宝《てんぴょうしょうほう》」「神護《じんご》景《けい》雲《うん》」など、漢字四文字の年号も使われました。

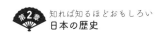

新しい年号がたてられるのは、天皇が即位した時、めでたい現象や珍しい現象がおきた時、地震・火災などの不吉なできごとがおこった時、また革命がおこるとされた年などでした。しかし、明治時代の初期に、天皇一代につき一つの年号を使う一世一元が制度として確立したため、明治時代以降は天皇即位の時以外に年号が変わることはなくなりました。

年号に使われる文字にもある程度の決まりがあります。江戸時代の初期に朝廷を統制する禁中並《きんちゅうならびに》公家《くげ》諸法度《しょはっと》が出され、その中に「年号を改める場合は、中国で使われた年号の中から、縁起《えんぎ》のいい文字を選びなさい」という内容の項目が盛り込まれています。これまで使われた日本の年号の中で、最も多く使われた漢字は「天」です。

また、時の示し方には、西暦や年号のほかに干支《えと》という方法もありました。子《ね》・丑《うし》・寅《とら》・卯《う》・辰《たつ》・巳《み》・午《うま》・未《ひつじ》・申《さる》・酉《とり》・戌《いぬ》・亥《い》の十二の干支の組み合わせで時を示します。「壬申《じんしん》の乱」がおきた西暦六七二年は干支では「壬申」の年に当たり、「戊辰《ぼしん》戦争」がおきた一八六八年の干支が「戊辰」であるように、干支を用いた歴史用語もたくさん使われています。このように、日本では古い時代から年号や干支が用いられてきました。

\ Culture & History /

もっと 知りたい日本！

干支が表す時刻と方位

十二支は時刻にも配当されます。時代劇などで言われる「子《ね》の刻《こく》」は午後一一時から午前一時、「丑満刻《うしみつどき》」は丑時の中心なので午前二時にあたります。

現在も正午や午前、午後など時刻を表す時に用いる「午」は、昼の午前一一時から午後一時までの二時間が午《うま》の刻と言われていたからです。

方位では、真北を「子」、真南を「午」、真東を「卯」、真西を「酉」とします。この東西南北を四正《しせい》といい、間に二つずつ干支が配されて十二の方位が完成します。

時刻の十二支

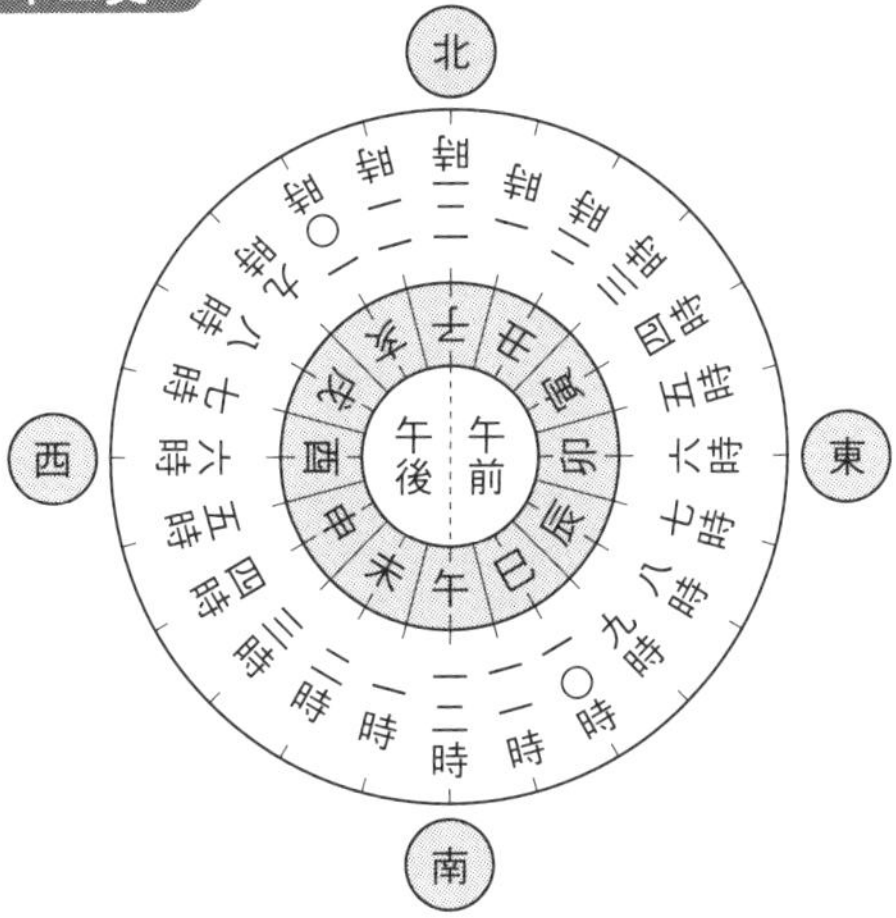

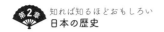

原始時代の日本と日本人

❖旧石器時代〜寒さ厳しい日本のあけぼの時代

日本の歴史のはじまりは、今から一万年以上前にさかのぼります。地質学という学問では、その時代を更新世《こうしんせい》といい、考古学では旧石器時代[◆1]、文化史的には旧石器文化とも先土器《せんどき》文化ともいいます。次に続く縄文時代が土器文化の時代であるのに対し、更新世の時代には土器が作られていなかったため、土器時代に先行するという意味でそう呼ばれます。

日本には旧石器時代はないとされてきましたが、アマチュアの考古学者相沢忠洋《あいざわただひろ》が石器を発見したことによって、その定説は覆《くつがえ》されました。一九四六年、群馬県の岩宿《いわじゅく》遺跡の関東ローム層の赤土の中から相沢が発見した一つの石片は、その後の学者たちの研究によって、縄文時代より古い時代の遺物であることが確認されたのです。

英語では？

◆1 旧石器時代（きゅうせっきじだい）
Paleolithic period

当時の出土品などは、群馬県みどり市の岩宿博物館などで見ることができます。

旧石器時代の人々は、簡素なテント式の小屋や岩陰《いわかげ》・洞穴《ほらあな》などを棲家《すみか》とし、打製《だせい》石器を用いて大型動物などを捕獲しながら、それを加工して食べていました。

当時の日本はまだ大陸と地続きでした。そのため、ナウマン象・マンモス・オオツノジカ・ヘラジカなどの大型動物が大陸から渡来し、それを追いかけて人々もやってきました。ナウマン象やヘラジカなどの化石は、日本各地で発見されています。沖縄県の港川人骨[●1]や山下人骨など当時生きていたであろうと思われる人々の化石化した人骨も、各地で発掘されています。

この旧石器時代は、世界的に気候が寒冷で大規模な氷河が発達した氷河時代（氷河期）にあったため、日本にも寒冷な気候に見合った針葉樹林が広がっていました。

用語解説

●1 港川人骨（みなとがわじんこつ）

沖縄県具志頭村港川石灰岩採石場で1970年に発見された、1万8000～1万6000年ほど前の化石人骨。

❖縄文時代❶～はじめての土器が登場

一万三〇〇〇年ぐらい前に、地球の長い氷河期が終わりました。気候もしだいに温暖化しはじめ、それにともなって氷河がとけて海面が上昇したため、大陸から切り離されるかたちで今の日本列島が形成されました。これ以降、紀元前四世紀ころまでを縄文時代といい、考古学では新石器時代といいます。植生も寒い氷河期に適した針葉樹林にかわり、広葉樹林が広く分布するようになりました。

そのころ、人々はものの化学変化に気づき、土器の製作を覚えました。粘土《ねんど》を焼くと土に含まれる成分が化学変化をおこして堅くなり、水漏れしなくなるのです。この土器は低温で焼かれた黒褐色《こっかっしょく》の厚手のもので、縄目《なわめ》の文様がつけられているものが多いことから、縄文土器と呼ばれています。ただし、初期の土器にはまだ縄目文様はなく、豆粒などの文様が施されていました。

縄文時代には、磨製石器●1と呼ばれる新しいタイプの石器が登場し、従来の打製石器とともに使われました。磨製石器の石皿《いしざら》は、ドング

用語解説

●1 磨製石器（ませいせっき）
石を磨いて作られた石器。獲物を捕えるために先端を鋭く磨いたり、食べ物を粉状にするために滑らかになるように磨いていた。

リなど植物の種や果実をすりつぶして粉化《ふんか》するときに使ったものと考えられています。また弓矢《ゆみや》が出現し、矢の先端に石の鏃《やじり》を装着することによって、足の早い小型動物の捕獲が容易になりました。鹿の骨で作った釣針や銛《もり》も使われ、網や小型舟を使った漁労《ぎょろう》も発達しました。

伊豆大島や三宅島などの離島からも、この時代の遺跡が多く出土することから、縄文時代の人々は遠洋航海技術も身につけていたと考えられています。また、この時代には、黒曜石●2や讃岐石《さぬきいし》などが交易に使われていました。

❖縄文時代❷～採集・移動生活から定住生活がはじまる

日本ではこれまで、弥生時代になってから人々の定住生活がはじまると考えられてきました。ところが、青森県の三内丸山《さんないまるやま》遺跡の調査によって、人々はすでに集会所などを備えた地域に定住していたことが明らかになり、それまでの定説が覆《くつがえ》りました。とはいえ、

用語解説

●2 黒曜石（こくようせき）
黒色透明の火成岩。マグマが冷えて固まったガラス質の石で非常に硬く、石器の原材料として頻繁に使われた。

縄文時代に生きたすべての人々が定住していたわけではありません。定住生活の一方では、それまでどおり、獲物を求めての採集・移動生活も行われていました。

　遺跡からわかった定住生活を見てみましょう。そこでは、一軒が二〇～三〇人程度からなる五～六軒規模の世帯が寄せ集まり、水はけのよい台地などに竪穴《たてあな》住居を構え、広場を囲むように集落を形成していました。その生活の中には、年上・年下という長幼《ちょうよう》の別はあっても、身分や貧富の差はなかったものと考えられています。

縄文人の暮らしがわかる三内丸山遺跡

（上）遺跡内で発見された大型竪穴住居は11棟あり、これは復元した最大の住居。
（右）展示室では1687点の遺物や、竪穴住居での暮らしも紹介。

所蔵：青森県教育庁文化財保護課

縄文時代❸～縄文人の生活と風習

縄文時代はアニミズムに支配されていた時代です。自然界に存在するあらゆるものに精霊《せいれい》が宿《やど》ると信じられ、その霊魂《れいこん》（アニマ）を崇拝する精神がみなぎっていました。呪術《じゅじゅつ》色の強いこの精霊崇拝の精神をアニミズムといいます。

それを示す遺物には、たとえば土偶◆1があります。土偶とは、文字どおり土で作った偶像で、女性形、特に妊婦《にんぷ》をかたどったものが多いのが特徴で、なかには遮光器形《しゃこうきがた》やミミズク形など宇宙人に似たような顔をもつ土偶もあります。

土偶は安産や豊猟を願う呪術品と推測されていますが、完全な形で出土することは稀《まれ》で、ほとんどの場合、壊れた形で発見されています。それは、悪霊払いの道具、または魔性《ませい》を封じるための道具として、壊すことに意味があるとも考えられますが、一説では、子どものおもちゃとして使われたともいわれています。

人生の通過儀礼の一つとして、抜歯《ばっし》とよばれる風習もありました。

英語では？

◆1 土偶（どぐう）
clay figurine（土でできた人形）

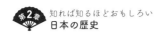

犬歯《けんし》や門歯《もんし》を抜く儀式で、それによって成人と認めることで集団の統制を強化するねらいがあったものと考えられます。

また、集落の中に死者が出ると、遺体は屈葬《くっそう》されました。死者の体内から霊魂が浮遊し、生きている人々に害を及ぼすのを防ぐために、手足を折り曲げて葬る方法で、遺体は甕棺[●1]に納められました。手足を折り曲げるだけでなく、より密封性を高めるために石を抱かせた抱石葬《ほうせきそう》もみられました。

当時の生活を示す遺構の一つに貝塚《かいづか》があります。アメリカの動物学者モースが、一八七七年に汽車の窓から東京都の大森貝塚を発見したのが貝塚研究の端緒《たんちょ》となりました。貝塚は、貝殻や食べた動物の骨、破損した道具などを積み重ねたゴミ捨て場だったのですが、その中から遺体が発見されることもあることから、葬送の場でもあったことがわかります。この縄文文化は、今日の日本列島のほぼ全域にわたって展開しました。

用語解説

●1 甕棺（かめかん）
死者を埋葬するための大きな土器。一つの土器に蓋をして葬る単甕棺と、二つの土器を合わせて葬る合口甕棺がある。九州北部で多く発見されている。

❖縄文時代❹～晩期に米作りもはじまる

中国では、紀元前六〇〇〇年前後に黄河《こうが》流域で穀物栽培が、また長江《ちょうこう》流域でも水稲耕作◆1がはじまり、農耕社会が成立しました。紀元前六世紀ごろ、中国では鉄器の使用もはじまり、紀元前二二一年には秦《しん》、紀元前二〇二年には前漢《ぜんかん》という王朝が成立しました。

中国ではじまった生産経済は、縄文晩期に朝鮮半島を経て日本にも波及し、約二七〇〇年前に九州北部で水稲耕作がはじまりました。縄文晩期の遺跡として知られる佐賀県の菜畑《なばたけ》遺跡、福岡県の板付《いたづけ》遺跡で炭化米《たんかまい》・水田址《すいでんし》が出土したことからも明らかになっています。

❖弥生時代❶～本州で展開した弥生文化

紀元前四～三世紀にかけて、大陸から鉄器と青銅器《せいどうき》がほぼ同時に伝来し、日本も水稲耕作を基盤とする生産経済の段階に入りました。この水稲耕作と金属器の使用を特徴とする新しい文化を弥生文化といいます。

英語では？
◆1 水稲耕作（すいとうこうさく）
rice farming（米を作る農業）

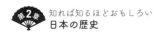

弥生文化は、北海道と沖縄を含む南西諸島には広がりませんでした。北海道では米作りが行われず、道具もそれまでと同じ石や木、動物の骨から作ったものを使用するという続縄文《ぞくじょうもん》文化が展開しました。また、沖縄などの南西諸島では、漁労を中心とする採集経済を基盤とする文化が営まれました。これを南島《なんとう》文化または貝塚文化といいます。

弥生時代には高温で焼成《しょうせい》された薄手で赤褐色《せっかっしょく》の土器が作られました。これは東京都文京区弥生二丁目で発見されたので、発見地の地名を冠《かん》して弥生土器と呼んでいます。資料館に行けば、縄文土器とともに多くの弥生土器が展示してありますが、弥生土器で作られた壺《つぼ》は貯蔵に、甕《かめ》は煮沸に、高杯《たかつき》という土器は食べ物を盛りつける食器として使われました。

❖弥生時代❷～水稲耕作と金属器が文化の特徴

水稲耕作では田植えもはじまっていて、鍬《くわ》・鋤《すき》・田舟《たぶね》・臼《うす》・杵《きね》などの木製農具が使われ、それらは磨製石器や鉄器で加工されました。なかでも、田に足がはまり込むのを防ぐために履《は》いた田下駄《たげた》は、下駄という名の通り、日本人の履物《はきもの》のルーツといわれています。

稲は、はじめは石包丁《いしぼうちょう》という磨製石器を使って、稲の先端部分だけを摘《つ》み取るように刈り取っていましたが、のちには鉄鎌《てつがま》などを使った根刈《ねが》りに変わりました。根刈りは、刈り取った藁《わら》の部分を利用したり、次の田起こしが楽になるなど能率的なやり方です。水田の地図記号（ㅛ）は、根刈りで残った稲株を示しているものです。

水稲耕作が繰り返される中で、生産力も高まり、収穫物に余りも生じるようになりました。人々はそれを高床倉庫●1などに貯蔵することによって、経済的なゆとりを生み出しました。

弥生時代の初期に大陸から青銅器が伝来しました。青銅器は銅と錫《すず》の合金です。日本では銅剣《どうけん》・銅矛《どうほこ》・銅鐸《どうたく》・銅鏡《どうきょう》などが作られ、青銅製の銅剣・銅矛はもとは武器として使われました。銅鐸は寺院にある鐘のような形をしています。銅鐸のルーツは朝鮮半島で使われ

用語解説

●1 高床倉庫（たかゆかそうこ）
収穫した穀物などを収めていた倉庫。日本特有の湿気で貯蔵物が腐らないように、床を高くして通気性をよくしている。

た鈴だといわれていますが、しだいに大型化し、日本では銅剣・銅矛とともに祭器として使われるようになりました。

❖弥生時代❸〜貧富の差が生まれ戦争が激化

こうした営みの中で、社会は富める者と貧しい者に分かれ、身分という上下の関係が生まれました。その結果、各地に有力な支配者が誕生したのです。中国の歴史書『後漢書《ごかんじょ》』の中に、日本に関する記述があります。そこに出てくる「国王」・「大夫《たいふ》」・「生口《せいこう》」などの言葉からも、弥生時代の日本は身分制社会になっていたことがわかります。「大夫」とは大臣、「生口」とは奴隷《どれい》をさす言葉です。

多くの人々は、縄文時代と同じように竪穴住居[◆1]で暮らしていましたが、富の分配をめぐって人々は争うようになります。それが戦争という形で表面化したため、西日本を中心に、各地に防御性の強い集落も作られるようになりました。弥生時代に営まれた佐賀県の吉《よし》野ヶ里《のがり》遺跡は、集落のまわりに濠《ほり》をめぐらせた防御性の強い環濠《かんごう》集

英語では?

◆1 竪穴住居（たてあなじゅうきょ）
pit house（穴を掘って作った住居）

弥生時代がわかる吉野ヶ里遺跡

(上)主祭殿
集落で最大規模の建物。集落の重要な事柄を決める会議や祭祀を行うなど、集落の中心的な建物と考えられている。

(右上)物見櫓
集落を囲む環壕が外に張り出している4ヶ所で見つかった高床の建物。見張りの役割に加え、四方を祀る意味もあったと考えられる。

(右下)甕棺
亡くなった人の手足を折り曲げて入れた大型の素焼きの土器が甕棺。吉野ヶ里の丘の各所にまとまって埋葬された。

提供：国営海の中道海浜公園事務所

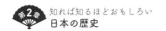

落遺跡として知られています。

やがて、各地の小規模な集落が強力な集落のもとに統合した結果、クニとよばれる政治的な集団が発生しました。縄文時代の「ムラ」から弥生時代の「クニ」へと社会は大きな進展をとげ、各地に一〇〇余りの小国が分立する形勢となったのです。

❖弥生時代❹～邪馬台国と女王卑弥呼

一〇〇余りに分かれていた小さな国々は争乱を繰り返すなかで、しだいに統合していきます。三世紀になると三〇余りの小国が連合し、女王卑弥呼《ひみこ》を中心とする邪馬台国[◆1]が成立しました。

中国の歴史書『三国志』の中の『魏志』によれば、卑弥呼は中国の魏[●1]に使者を送り、銅鏡や称号などを得たことが記されています。ほかにも、邪馬台国の社会には刑罰や租税の制度があり、人々の間には身分差もあったと書かれています。

『魏志』倭人伝には邪馬台国の位置を示すような記述もありますが、

英語では？

◆1 邪馬台国（やまたいこく）
country called Yamatai

多くの記述に不確定な要素が多いことから、その位置については近畿説と九州説が対立したままです。近畿説では奈良県の纏向《まきむく》遺跡や箸墓《はしはか》古墳、九州説では佐賀県の吉野ヶ里遺跡などが、それぞれの位置を主張する拠り所となっています。弥生時代には呪術が盛んになっていたので、謎の女王卑弥呼は、神託を告げる巫女《みこ》的な性格が強い女性とも考えられています。

やがて、近畿地方の奈良盆地を中心に強大な政治連合が生まれました。これをヤマト政権と呼びます。邪馬台国の所在地に異説があることから、邪馬台国とヤマト政権との連続性については不明ですが、古墳が各地に作られていったことから、ヤマト政権の支配地域もそれに応じて拡大したものと考えられています。

用語解説

●1 魏(ぎ)
3世紀に権勢を誇った中国の王朝の一つ。魏・蜀・呉の3国が覇権を争ったこの時代の中国を、「三国時代」と呼ぶ。

ヤマト政権と飛鳥時代

❖ヤマト政権❶〜多くの古墳が作られた時代

五世紀から六世紀にかけて、ヤマト政権は氏姓《しせい》制度と呼ばれる社会の仕組みを整えます。最大の豪族である大王《おおきみ》を中心に、有力豪族が大臣《おおおみ》・大連《おおむらじ》として中央政治を主導し、地方は国造《くにのみやつこ》・県主《あがたぬし》などによって治められました。大王の呼称は、七世紀後期になると天皇という呼び名に変わります。

この時代には、各地に古墳《こふん》と呼ばれる墓が作られました。大阪府には日本を代表する古墳が二つあります。最大の全長をもつ大仙陵《だいせんりょう》古墳と、それに次ぐ誉田御廟山古墳●1です。前者は仁徳陵《にんとくりょう》、後者は応《おう》神陵《じんりょう》ともいわれてきましたが、本当の被葬者が誰であるのか、断定的なことはわかっていません。

これらの古墳は、前部が四角で、後部が丸い形をしているので、

用語解説

●1 誉田御廟山古墳（こんだごびょうやまこふん）
全長425m、高さ36m。大阪府羽曳野市誉田にある巨大な前方後円墳。応神天皇陵（おうじんてんのうりょう）とされている。

形から前方後円墳《ぜんぽうこうえんふん》と呼ばれます。規模の大きい古墳の周囲は濠《ほり》で囲まれ、その近くには小さい古墳が点在していますが、多くが宮内庁《くないちょう》の管理下にあるため、一般人の立入は禁止されています。

古墳というと、こんもりとした森のようなイメージが浮かびますが、古墳が作られた時代、墳丘《ふんきゅう》にはほとんど樹木は植えられず、多くの古墳は丘一面が石で覆《おお》われ、土砂の流出を押さえる目的で埴輪《はにわ》と呼ばれる焼き物も並べられました。ですから古墳の色はグリーンではなく、グレーだったのです。

ヤマト政権を代表する古墳、仁徳天皇陵

円と四角を合体させた前方後円墳の代表格である仁徳天皇陵は、5世紀中ごろの築造と推定される。
提供：堺市

❖ヤマト政権❷～日本の神話が生まれる

日本には神話●1という考え方があり、日本という島国を作り出したのも、国づくりをしたのも神だとする伝説が生まれました。古墳時代には伊勢神宮や出雲大社に代表されるように、「社《やしろ》」または「宮」と呼ばれる常設の神殿も見られるようになり、農業の発達とともに、豊作を祈願する祭りや、豊作を神に感謝するための祭りも神事として広まりました。

ところで、日本でいう神は、キリスト教の神とは性格が全く異なります。キリスト教の神が絶対唯一かつ万能であるのに対し、日本の神は「八百万《やおよろず》の神」と言われるように、善悪強弱さまざまな神がいるとされています。また、キリスト教では人間と神は断絶しているのに対し、日本の神は人間と連続していると考えられました。

死後の世界は黄泉《よみ》の国とされ、そこから戻ることも可能と考えられていました。黄泉の国から帰ることを、生き返るという意味で「蘇《よみがえ》る」といいます。

用語解説

●1 神話（しんわ）
「古事記」や「日本書紀」において、イザナギノミコト、イザナミノミコトという二柱の神によって、日本の国土はつくられたと記されている。

\ Culture & History /

もっと知りたい日本！

古墳時代のプロポーズ

いつの時代においても、人々は婚姻を通して新たな家族を作り出します。原始時代の婚姻は同族間で行われたと考えられています。古墳時代の結婚で特徴的なのが求婚の方法です。男性が女性に名前と家を尋《たず》ねることがプロポーズとされ、女性がそれに答えるとプロポーズを受けたことになったのです。

それは「こもよみこ持ち　ふくしもよみぶくし持ち　この丘に菜摘《なつ》ます児《こ》　家聞かな名のらさね…」という『万葉集』（巻一）の最初の歌にも示されています。

結婚相手を見つけるために、春秋の二度、歌垣《うたがき》とよばれる男女の集会がもたれ、そこで歌を詠《よ》んで相手を探しました。歌垣は今でいう婚活の場でもあったのです。

古墳時代、豪族の同族集団は氏《うじ》と呼ばれました。そのリーダーである氏上《うじのかみ》が死ぬと氏神《うじがみ》として祀られ、守護神となって氏全体の繁栄を見守るものとされたのも、人と神が連続しているという考え方に立つものです。そのため、氏神信仰を通じて同族集団に属した人々は、その団結のために私心《ししん》を捨て、他の人々と融和《ゆうわ》して生きる心が求められ、それが神の意志にかなう生き方とされました。

神の意志にかなう心を、清《きよ》き明《あか》き心といいます。その反対が汚く暗き心です。それはツミ・ケガレとして忌《い》み嫌われたので、清められなければなりません。そのため、水の浄化力を利用した禊[1]や、水を用いない祓[2]という方法がとられました。

今日でも、滝行や水行の時には禊、七五三のような人生の通過儀礼や家屋の棟上《むねあげ》の時などには祓という神事が行われています。また禊には、罪滅ぼしや社会的責任をとるという意味もあり、祓も何かにつけ「お祓い」と称して日常的に行われています。

漢字や仏教が伝わったのもヤマト政権の時代です。仏教は、朝鮮

用語解説

●1禊(みそぎ)

罪や穢(けが)れを除くために、川や海の水を浴びて身を清めること。

●2 祓(はらえ)

神に祈って罪や穢(けが)れを除き、身を清める神事。または儀式。

半島にあった百済《くだら》という国を経て伝えられましたが、当時の日本では、それを仏としては認識せず、「隣の国の神」としてとらえました。日本人が他の宗教に対して寛容である背景には、こうした日本固有のものの考え方があったのです。

❖飛鳥時代❶～中央集権国家への道と仏教

豪族は私有地や私有民をもつことによって勢力基盤を強化しましたが、仏教の受け入れをめぐる蘇我《そが》氏と物部《もののべ》氏の対立のように、政界での勢力争いも目立つようになりました。特に蘇我氏は、五八七年に物部氏を滅ぼし、五九二年には時の天皇を謀殺《ぼうさつ》[●3]するほど勢力を強めました。

その後、五九二年に日本ではじめての女帝として推古《すいこ》天皇が即位し、甥《おい》の厩戸王《うまやどおう》（聖徳太子）らとともに、天皇を中心とする中央集権国家づくりをはじめました。そして六〇三年に冠位十二階《かんいじゅうにかい》を定め、それまでの家柄重視のあり方を改めて、功績や才能のある者を政界

用語解説

●3 天皇を謀殺（ぼうさつ）
宮廷最大の実力者となった蘇我馬子（そがのうまこ）は、この年、些細なことに言いがかりをつけ、崇峻（すしゅん）天皇を暗殺。

に抜擢《ばってき》するようにしました。翌年には憲法十七条を制定して、役人の心構えを示しました。

仏教の教えは、はじめは豪族の間で受け入れられ、先祖の崇拝や病気の平癒《へいゆ》、戦争勝利を願う手段とされ、のちに朝廷の人々にも認識されるようになりました。憲法十七条にも、「篤《あつ》く三宝《さんぼう》を敬え。三宝とは仏法僧なり」と、仏教の重要性が説かれています。

また、仏教とともに重視されたのが「和」という考え方です。日本には古くから、権利を主張しながら個人主義にはしるのではなく、人々との協調性を美徳とする考え方がありました。厩戸王《うまやどおう》（聖徳太子◆1）も憲法十七条で「和をもって貴《たっと》しとなし」と和の精神が大切なことを強調し、これが今日に至るまで、日本人の精神の中にずっと底流し続けています。

❖飛鳥時代❷～日本で最初の仏教文化

仏教が社会に定着しはじめると、文化のシンボルも古墳から寺院

英語では？

◆1 聖徳太子（しょうとくたいし）
Shotoku, Prince（聖徳太子）

と仏像に移り、七世紀の前半には日本ではじめての仏教文化として飛鳥《あすか》文化が開花しました。

奈良の法隆寺は、厩戸王が生きていた時代の文化を代表する建物で、厩戸王が父の病気平癒を願って創建したものです。今の法隆寺は再建されたものですが、それでも世界最古の木造建築として有名です。金堂《こんどう》の釈迦《しゃか》三尊像《さんぞんぞう》は、渡来人の孫とされる鞍作鳥《くらつくりのとり》という仏師が作った金銅製の仏像で、面長な顔や、口元に浮かぶ微笑《えみ》（アルカイックスマイル）が特徴です。

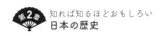

また、金堂の柱には、中央部分にエンタシスと呼ばれるふくらみが施されています。これは視覚的に安定感を出すための技法で、ギリシアのパルテノン神殿や、イタリアのルネサンス建築などにも見ることができます。こうしたギリシアやペルシアの影響を受けた品々が残っていることからみても、飛鳥文化はきわめて国際色が豊かな文化といえます。

京都の太秦《うずまさ》にある広隆寺《こうりゅうじ》もこの時代に建てられました。中には弥《み》勒菩薩像《ろくぼさつぞう》という仏像が祀られています。韓国ソウルの国立中央博物館にも姿がそっくりな弥勒菩薩像があり、半分胡坐《あぐら》をかいて瞑想《めいそう》している姿から、半跏思惟像《はんかしゆいぞう》とも呼ばれています。

この時代の寺院は、礎石《そせき》の上に柱を立て、屋根に瓦《かわら》を使った大陸風の建物で、境内には塔や金堂、講堂などが配置されました。特に寺院にある塔は、仏舎利《ぶっしゃり》と呼ばれる釈迦《しゃか》の骨を埋めたところなので、もともとは寺院の中心的な存在でした。しかし、時代とともに塔は飾りとしての役割をもつようになり、しだいに寺域《じいき》の外部に移され、金堂が寺院の中心となりました。金堂は本尊を安置した建物です。寺院を建立することは、豪族にとっては古墳に代わる権威の象徴ともなりました。

❖飛鳥時代❸～大化の改新で新しい国づくり

七世紀の初期には、中国の隋●1との外交が進められました。小野妹子《おののいもこ》らが遣隋使◆1として派遣され、随行した留学生や学問僧によっても

用語解説

●1 隋（ずい）
589年、陳を滅ぼして南北朝の統一を果たした中国の王朝。小野妹子が持参した「日出処天子（ひいづるところのてんし）…」という国書は有名。

たらされた大陸の制度・文物・知識は、七世紀後半以降の国家形成に大きな影響を与えることとなったのです。

しかし六二〇年代に入ると、推古天皇を中心とする政府の要人があいついで世を去り、豪族蘇我氏の勢いが再び強まりました。そこで中大兄皇子《なかのおおえのおうじ》と中臣鎌足《なかとみのかまたり》らは六四五年、蘇我氏の本家を滅ぼしました。この事件の直後に皇極《こうぎょく》天皇は退位し、皇弟であった孝徳《こうとく》天皇が即位して中大兄皇子は皇太子となりました。

新しく皇位についた孝徳天皇は六四六年、詔《みことのり》を出して今後の施政方針を打ち立て、公地公民制社会への移行、戸籍・計帳《けいちょう》の作成、班田収授法《はんでんしゅうじゅほう》の実施、新しい税制の確立などを示しました。この新しい国家建設に向けての一連の政治改革を大化《たいか》の改新《かいしん》と呼んでいます。

班田収授法というのは、中国の唐の土地制度にならって、一定の年齢に達した人々に国家の土地を口分田《くぶんでん》として分け与え、収穫の一部を税として徴収するシステムのことで、律令制度のもとでの土地制度の原則となりました。

英語では？

◆1 遣隋使（けんずいし）
embassy to Sui Dynasty China（中国の隋に行った大使団）

律令とは、中国の法体系にならったものですが、日本の国情に合うようにアレンジして編纂《へんさん》されました。律とは今日の刑法、令とは民法や商法、行政法などに相当する法律で、税制・軍制などさまざまな制度が律令の中で定められました。

❖飛鳥時代❹～中央集権体制が築かれる

中大兄皇子はやがて都を琵琶湖のほとりに移し、即位して天智《てんじ》天皇となりました。ところがその没後、皇位をめぐって六七二年、天智天皇の子の大友皇子《おおとものおおじ》と、天智天皇の弟の大海人皇子《おおあまのおうじ》が対立し、内乱がおこりました。これを壬申《じんしん》の乱といいます。

乱に勝利した大海人皇子は即位して天武《てんむ》天皇となり、官僚制の基礎固めなどを通して律令国家の形成に力を入れました。この天武天皇の時代に作られた富本銭《ふほんせん》が、日本の貨幣のはじまりと考えられています。

天武天皇の皇后は天智天皇の娘で、天武天皇のあとに皇位について持統《じとう》天皇となり、六九四年に藤原京に遷都しました。『万葉集』にいくつか収められている「大君《おおきみ》は神にしませば」ではじまる歌からもわかるように、天武天皇と持統天皇の時代には、天皇の地位が神格化されるようになりました。この「天皇」の称号や「日本」という国号が正式に定められたのも、七世紀後半の天武天皇の時代といわれています。

その藤原京で法典の編纂事業が進められ、七〇一年に大宝律令◆1という形で完成しました。

今、日本は都道府県に分かれていますが、律令では〇〇国という言い方で地方を分けていました。たとえば今の東京都と埼玉県は、律令の区分法では武蔵国《むさしのくに》、栃木県は下野国《しもつけのくに》、広島県は安芸国《あきのくに》と呼ばれました。当時の国名は今でも「武蔵小杉」、「信濃大町」、「大和郡山《やまとこおりやま》」のように、地名や鉄道の駅名として残っています。

英語では?

◆1 大宝律令(たいほうりつりょう)
Taiho Code(大宝という年号の時期に定められた法典)

❖飛鳥時代⑤~清新で明るい白鳳文化

大化の改新の時期から約半世紀、平城京遷都のころまで続いた文化を白鳳《はくほう》文化といいます。奈良の薬師寺にある東塔《とうとう》は、律令国家が築かれていった時代を象徴する建物です。一見すると六重塔に見えますが、裳階《もこし》とよばれる庇《ひさし》状の構造物がついた三重塔で、塔の頂上には水煙《すいえん》と呼ばれる装飾がついています。アメリカ人のフェノロサは、この美しさを「凍《こお》れる音楽」と形容しました。

薬師寺の金堂には薬師如来《やくしにょらい》という仏像が祀《まつ》ってあります。「薬師」という字のとおり、病人を救うための仏です。その両側には、日光《にっこう》菩薩《ぼさつ》と月光《がっこう》菩薩《ぼさつ》という長身の仏像が立っています。仏教では日光は日の光のような鋭い智恵《ちえ》、月光は月の光のような淡い慈悲の心を表しています。

お寺に行くと、本堂の釈迦如来像の両側に、智恵を象徴する文殊●1菩薩と慈悲を示す普賢《ふげん》菩薩《ぼさつ》が並んでいることがあります。日本のことわざにある「三人寄れば文殊の智恵」という言葉は、凡人でも3

用語解説

●1 文殊菩薩(もんじゅぼさつ)・普賢菩薩(ふげんぼさつ)
文殊は智慧を司る仏で、普賢は仏の真理や修行の徳を司り、文殊と一対をなしている。

\ Culture & History /

もっと 知りたい日本！

白鳳文化を代表する薬師寺

薬師寺は六八〇年、天武天皇が皇后（のちの持統天皇）の病気平癒を願って発願《ほつがん》し、藤原京で造営がはじまりました。その後、平城京に都を移した際に現在の場所に移されました。しかし、九七三年におこった火事、さらには一五二八年の兵火で、金堂をはじめ講堂、中門、西塔など多くの建物を失いました。その後、建物は長い年月をかけて再建されますが、薬師寺で約一三〇〇年前の創建当時の姿を残す唯一の建物が東塔なのです。

その東塔は現在、約一一〇年ぶりという解体修理が行われています。二〇一一年からはじまった修理は、一度東塔を解体し、部材の交換などをして再び組み立てるというもの。二〇三〇年に完成予定で進んでいます。

薬師寺金堂には薬師如来を中尊に、日光菩薩、月光菩薩が脇侍となる薬師三尊像がある。

人集まれば文殊のような知恵が出るものだという意味で、文殊菩薩からきているものなのです。

奈良県明日香村の高松塚古墳●1やキトラ古墳からこの時代のものと思われる壁画《へきが》が発見されました。壁には四神《しじん》と呼ばれる架空の動物が描かれていました。北は玄武《げんぶ》、東は青竜《せいりゅう》、南は朱雀《すざく》、西は白虎《びゃっこ》が守るという古代の中国の考え方を示したものです。

この考え方は都の場所を決める時にも参考にされ、北に丘、東に川、南は広く開け、西には大きな道があるという場所に都を営めば、都が繁栄すると考えられました。京都や東京もこのような地理的条件にかなった場所だったのです。

用語解説
●1 高松塚古墳（たかまつづかこふん）
1972年に石槨内部に四神や男女官人像の彩色壁画が発見された。海獣葡萄鏡・乾漆棺・人骨など古代史研究の貴重な資料も出土した。

奈良時代～陰謀渦巻く時代

❖奈良時代❶～政権争いと相次ぐ天変地異

七一〇年に元明《げんめい》天皇が都を奈良に移してから七〇年余りの時代を奈良時代といいます。今の奈良は平城京◆1と呼ばれました。唐の長安《ちょうあん》をモデルに作られた都で、その中は碁盤《ごばん》の目のように整然と区切られ、中央部には南北にメインストリートが走っていました。この大通りを朱雀大路《すざくおおじ》といいます。行き着いた北の一角は大内裏《だいだいり》と呼ばれるエリアで、多くの政庁が建ち並んでいました。

都には大きな寺院が建てられ、中には藤原京から移転した寺院もありました。奈良時代の日本の人口は約六〇〇万人といわれ、その中で平城京には約一〇万人が暮らし、その約一割が朝廷に勤務した役人たちでした。

奈良時代は、政治の実権を握るための陰謀事件が多発した時代で

英語では？

◆1平城京（へいじょうきょう）
the capital called Heijokyo（平城京と呼ばれる都）

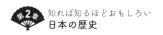

す。皇族の長屋王《ながやおう》が七二九年に藤原不比等《ふじわらのふひと》の子どもたちによって自殺に追い込まれたあと、年号は「天平《てんぴょう》」と改められました。奈良時代を代表する年号ですが、天下が平らかに治まってほしいという期待とは裏腹に、政界では皇族・貴族・僧侶らによる実権争いが続き、さらには天変地異《てんぺんちい》が人々を襲いました。

そのため時の天皇であった聖武天皇[●1]は、仏教の力にすがりながら、造寺・造仏・写経・読経などの仏事を重視することによって、人心の動揺を抑え、国家の安泰《あんたい》を図ろうとしました。

七四〇年に大宰府《だざいふ》でおこった藤原広嗣《ふじわらのひろつぐ》の乱をきっかけに、天皇は一旦平城京を離れ、都を転々と移動しました。そして七四一年、恭《く》仁京《にきょう》（今の京都府相楽郡）において、全国に国分寺と国分尼寺を作る宣言を出し、七四三年には紫香楽宮《しがらきのみや》（今の滋賀県甲賀市）で、誰の目にも見える大きな大仏を作ろうと決心したのです。

大仏造立の工事はさっそく紫香楽宮ではじまりましたが、七四五年に都が奈良に戻ると、工事も奈良の地で継続されることになり、

用語解説

●1 聖武天皇（しょうむてんのう）
第45代天皇。仏教を厚く信仰した天皇で、東大寺を建立、寺内にある大仏もつくった。

\ Culture & History /

もっと 知りたい日本！

二度焼失して再建された東大寺

東大寺はこれまで、大きな火災で二度焼失しています。最初は一一八〇年からはじまった源氏と平氏の戦いの兵火《へいか》により、大仏殿をはじめ主要な建物が焼失《しょうしつ》しました。二度目は一五六七年、戦国時代の武将の兵火（三好《みよし》・松永《まつなが》の乱）によるもので、中心的な建物がほとんど灰になってしまいました。

以来、復興事業はなかなか進まず、本尊の盧舎那《るしゃな》大仏《だいぶつ》は約一二〇年もの間、雨ざらしになっていました。東大寺大仏殿は江戸時代の中ごろに再建され、何度も修理を重ねて現在に至っています。なお正倉院《しょうそういん》や転害門《てがいもん》や法華堂《ほけどう》などは焼失を免れたため、創建当時の遺構《いこう》です。

南大門は日本最大の山門。

大仏殿は鎌倉時代と江戸時代の2度、再建された。

ついに七五二年に完成しました。その大仏は現在も安置されている東大寺大仏殿で盛大なお披露目式が営まれました。

❖奈良時代❷～天平文化の仏像と寺院

奈良には古い寺院がたくさんありますが、東大寺はその代表格と言っていいでしょう。全国に作られた国分寺を統轄《とうかつ》した寺院で、八世紀の中ごろに開かれ、さまざまな経典の研究も行われました。東大寺とは、都の東にある大きな寺という意味です。東大寺と大仏に象徴される奈良時代の文化を、聖武天皇の時の年号をとって天平文化といいます。遣唐使《けんとうし》が伝えた唐の文化の影響を受けるなど、国際色豊かな仏教文化として栄えました。

また、東大寺には正倉院《しょうそういん》という倉庫があり、そこには聖武天皇の遺品のほかに、シルクロード●1を通って遠く西域《せいいき》から伝えられた品物も納められていることから、正倉院は「シルクロードの東の終着駅」とも呼ばれています。建物には、断面三角形の角材を井桁《いげた》に組んで

用語解説

●1 シルクロード
和訳すると「絹(きぬ)の道」。中国と西アジア、その先の欧州までをつないだ東西の交易路。中国産の絹をはじめ、多くの交易物資が運ばれた。

通風性を良くした校倉造《あぜくらづくり》という技術が用いられました。

東大寺に限らず、一般の寺院には多くの仏像が祀ってあります。奈良時代には、粘土で作られた仏像と、麻布を漆《うるし》で塗り固めた仏像が多く作られました。漆で作られた興福寺の阿修羅像《あしゅらぞう》は、三つの顔と六本の腕をもつ特異な像で、国宝に指定されています。

古来、寺院では落雷などにともなう火災が多く、そのたびに仏像を運び出しましたが、粘土像は重いのでなかなか運び出せず、焼失したものが多いようです。

平城京の東部、三笠山《みかさやま》の西の麓《ふもと》に創建された春日大社《かすがたいしゃ》は藤原氏の氏神として栄え、神の使いとされた鹿が大切にされてきました。また、奈良の西の京には唐招提寺《とうしょうだいじ》もあります。唐から盲目となって来日した鑑真[2]が建てた律宗の総本山で、彼の彫像は、漆を塗り固めた技法で作られました。国宝に指定されている法隆寺の夢殿《ゆめどの》も、奈良時代に建てられたものです。

この時代には、仏教は古くからあった神道としだいに融合しはじ

用語解説

●2 鑑真（がんじん）
中国で律を講じていたが、日本から派遣された僧の要請で渡航。5回もの渡航失敗で失明してしまうが、753年、6度目の挑戦で来日。

め、神社の境内に寺院が、また逆に寺院の境内には神社も建てられるようになりました。明治時代の初期までは、僧侶の姿をした神官もいれば、神官の姿をした僧侶もおり、神前で仏教の経典を読むことも違和感なく行われました。このような仏教と神道との関係を神仏習合◆1といいます。

❖奈良時代❸〜墾田永年私財法と荘園の発生

奈良時代の仏教は国家の保護と統制のもとに発展しましたが、のちには道鏡《どうきょう》のように政界に進出する僧侶も現れました。道鏡は孝謙《こうけん》上皇（のちの称徳《しょうとく》天皇）の保護のもとに政界に進出し、やがて皇位をもねらう動きをみせましたが、そのもくろみは阻まれて失脚してしまいました。その後、天智天皇の孫にあたる光仁《こうにん》天皇が即位します。光仁天皇はその時六〇歳を超えていましたが、政教混同《せいきょうこんどう》と政争の弊害《へいがい》を正して律令制国家の再建を進めていきました。

このように奈良時代は、政変や天変地異などの社会不安が人々を

英語では？

◆1 神仏習合（しんぶつしゅうごう）
Shinto-Buddhism synthesis（神道と仏教が統合された状態）

\ Culture & History /

もっと 知りたい日本！

霊柩車は神仏習合の名残

葬儀で霊柩車《れいきゅうしゃ》を見ることがありますが、車の屋根が唐破風《からはふ》の「お宮さん」のような形をしています。これが外国人には奇妙だったり、美しいものに映るようです。

もともと人が亡くなると棺桶《かんおけ》に入れられ、その棺桶は人が担いで運びました。それがやがて輿《こし》に棺《ひつぎ》を置いて数人で担ぐようになり、唐破風の屋根がつきました。明治初期には駕籠《かご》が使われますが、その後、大八車《だいはちぐるま》に宗教的な飾りをつけた輿を乗せて運ぶようになります。その形が今の霊柩車に取り入れられて「宮型《みやがた》霊柩車」となりました。

この霊柩車のスタイルも、神道と仏教が互いに排除することなく、融合した形で発展してきたことを示すものなのです。

(上)現代日本で広く普及している宮型霊柩車。伝統的な形を色濃く残している。
(左)大八車に輿を乗せた棺車。二方破風の屋根と装飾が宮型霊柩車に近い。

提供：全国霊柩車自動車協会

襲い、五年間に四度も首都が変わるといった、たいへん不穏な時代でもあったのです。

奈良時代の政治は、原則として律令制度に基づいて進められていましたが、土地制度の基本であった班田収授法は人口増加などに対応しきれず、まもなく壁に直面しました。そこで政府は七二三年に開墾者から三世代まで土地の私有を認める三世一身法《さんぜいっしんのほう》を、さらに七四三年には、面積に制限はあるものの、開墾《かいこん》した土地はいつまでも私有してもよいと認める法令を出しました。墾田永年私財法《こんでんえいねんしざいほう》という法令です。ところがその結果、貴族や有力な寺院・神社は農民に土地を開発させ、それを自分の領地とするようになったのです。こうして開発して自分のものとした土地のことを荘園《しょうえん》といいます。

律令制度のもとで、人々は良民《りょうみん》と賤民《せんみん》に分けられました。良民とは、官人や農民など一般の公民のことで、賤民には官有と私有がありましたが、良民と賤民の結婚は認められませんでした。

平安時代～平安京と貴族の時代

❖平安時代❶～新しい都平安京で行政改革

七八一年に即位した桓武《かんむ》天皇は、人心一新を図りながら律令国家を再建するために、七八四年に平城京から長岡京《ながおかきょう》に都を移しました。しかし、その造営長官が暗殺されたために工事を中断し、七九四年に今の京都に都を移しました。平安京《へいあんきょう》と呼ばれたこの新都に移って以降、源頼朝《みなもとのよりとも》が鎌倉幕府を開くまでの約四〇〇年間を平安時代といいます。

桓武天皇は農民の負担を軽くしようとし、また、国司《こくし》と呼ばれた地方役人の交代を厳しく監督するために勘解由使《かげゆし》という新しい役職を設けました。また当時、東北地方には国家に抵抗する豪族がいたので、天皇は坂上田村麻呂●1を征夷大将軍《せいいたいしょうぐん》に任命して東北地方の経営にあたらせました。

用語解説

●1 坂上田村麻呂（さかのうえのたむらまろ）
桓武・平城・嵯峨の三天皇に仕え、征夷大将軍として蝦夷（えぞ）を平定。薬子（くすこ）の乱鎮定にも活躍。京都の清水寺を創建したとされる。

次の嵯峨《さが》天皇も行政の刷新《さっしん》をすすめ、蔵人《くろうど》や検非違使《けびいし》という新しい役職を設けて、それまで複雑だった役所や警察の機構を整理しました。征夷大将軍や勘解由使、蔵人や検非違使など時々の情勢に応じて新設された官職をまとめて令外官《りょうげのかん》と呼んでいます。

今の京都にはたくさんの寺院があり、寺の町というイメージが強いですが、当時は政治と宗教を分けようとしていたために、東寺《とうじ》と西寺《さいじ》以外の寺院を都の中に作ることは禁止されていました。

この平安時代のはじめに、中国の唐から仏教の新しい教えが伝えられました。最澄《さいちょう》が天台宗《てんだい》、空海《くうかい》が真言宗《しんごん》を開き、比叡山《ひえいざん》の延暦寺《えんりゃくじ》、高野山《こうやさん》の金剛峰寺《こんごうぶじ》がそれぞれの中心寺院となりました。しかし、この二つの宗派は密教《みっきょう》と呼ばれる難しい教えだったため、朝廷など一部の人々の間にしか広まりませんでした。しかも女性の参詣を拒む寺院が多く、比叡山や高野山をはじめ、著名な霊山は女人禁制とされました。そうした中で、奈良県の室生寺《むろうじ》（真言宗）は女性の参詣を認めたため、「女人高野《にょにんこうや》」の異名をとるようになったのです。

英語では？

◆1 摂政（せっしょう）
regent

◆2 関白（かんぱく）
senior regent

京都の東山には清水寺《きよみずでら》があります。平安時代のはじめに坂上田村麻呂が創建したと伝えられ、十一面観音像《じゅういちめんかんのんぞう》を本尊としています。何度も火災に遭い、そのたびに復興を繰り返してきましたが、舞台造《ぶたいづくり》の本堂は、江戸時代初期に徳川家光《いえみつ》によって再建されたもので、現在は国宝に指定されています。

❖平安時代❷〜摂関政治と武士の台頭

奈良時代に勢力をもった藤原氏は、平安時代になると天皇家と血縁的な関係を強めながら政界に進出するようになりました。藤原氏は自分の娘を皇室に入れて妃《きさき》とし、生まれてくる次の天皇の母方の祖父として皇室との関係を強めたのです。

九世紀後半以降になると、藤原氏は、天皇が幼少の時代には摂政[◆1]、成人してからはその後見役として関白[◆2]という職につき、政治の実権を握るようになりました。一〇世紀後半から定着したこのような政治形態を摂関政治[●1]といいます。そして一一世紀前半にかけて、藤原[●1]

用語解説

●1 摂関政治（せっかんせいじ）
天皇ではなく、摂政と関白を独占した藤原氏が実質的に国政を仕切った政治形態。摂政と関白の頭文字がとられている。

道長とその子頼通《よりみち》の時代に摂関政治は全盛期を迎えました。

藤原氏はライバルである他の有力貴族を排斥《はいせき》する一方、一族で朝廷内の高い地位を独占し、全国から寄せられてくる荘園を経済基盤としながら勢力を強めました。

また平安時代になると、地方でも土地の開墾《かいこん》がずいぶん進みました。地方の豪族は、開発した荘園を権力から守るために、中央の有力者を頼り、土地の保護を願い出る者も出てきました。都に住んでいた貴族や有力な寺院・神社などは、これを受け入れて全国的に広大な荘園をもち、荘園に対する支配を通してますます経済的に豊かになっていきました。

しかし荘園という私有地が増加する一方で、国家の公の土地が狭められていったため、政府は荘園の整理に力を入れ、基準を設けてそれに合わない荘園を停止しようとしました。

土地を開発した豪族の中には、領地を拡大させながら勢力を維持するために武装し、治安の乱れに乗《じょう》じて紛争をおこす者もいました。

用語解説

●1 藤原道長（ふじわらのみちなが）
藤原氏内の権力争いに勝ち、約30年間の独裁を行った。4人の娘を全員天皇の后にする手法で、藤原氏の宮廷での立場を盤石のものにした。

\ Culture & History /

もっと知りたい日本！

婿入り婚がふつうだった時代

結婚のかたちは時代によってずいぶん変わりますが、奈良・平安時代は、夫が妻の家に通う婿入《むこい》り婚《こん》が一般的でした。妻が夫の家に入る嫁入《よめい》り婚は次の鎌倉時代からになります。

奈良時代は結婚すると、一定の期間、夫婦は別居し、夫が妻のもとに通うという生活を送り、のちに妻が夫の家に移りました。妻は結婚しても姓を変えず、また財産も認められていました。

次の平安時代になると、妻が夫を婿《むこ》として招いて妻の家で暮らすようになり、生まれてくる子も妻の家で育てられました。婚姻の最低年齢は、男子は元服《げんぷく》した一五歳、女子は一三歳とされていましたが、実際には必ずしも年齢が守られたわけではありません。

こうして武士が生まれ、やがて従者《じゅうしゃ》を率いて武士団を形成し、そのリーダーを棟梁《とうりょう》として仰ぐようになり、なかでも天皇の子孫とされる源氏と平氏の勢力が強大となりました。特に東国では馬を機動力とする武士団が成長し、時には国家や地方の役人と対立することもありました。

一〇世紀中ごろ、ほぼ時を同じくして東国では平将門[1]、西国では藤原純友[2]が反乱をおこしましたが、それを鎮圧《ちんあつ》したのは中央の貴族ではなく、地方の武士たちだったのです。都で生活している貴族たちの無力さと、地方で成長している武士の実力を示す事件でもありました。

❖平安時代❸～極楽浄土思想と仏像

平安時代の中ごろ、「南無阿弥陀仏《なむあみだぶつ》」と念仏を唱えることによって、人々は死後に極楽浄土《ごくらくじょうど》という世界に生まれ変わることができるという新しい教えが広まりました。これを浄土教《じょうどきょう》といいます。

用語解説

●1 平将門（たいらのまさかど）
現在の茨城県の猿島（さしま）を拠点として、関東地方で乱をおこした。「新皇」という支配者の称号をもちいたが、940年に討たれた。

当時はしばしば疫病《えきびょう》や天災がおこったため、貴族や一般の人々は世の中や将来に対する不安をつのらせはじめ、新しい救いの道を求めるようになっていました。いろいろな仏の中で、阿弥陀如来《あみだにょらい》という仏は、極楽浄土と呼ばれる理想郷にいるというのです。そのため貴族も一般庶民も、死後に救われたい一心で「南無阿弥陀仏」と念仏を唱えるようになりました。

そして、阿弥陀如来を仏像として刻み、それを祀る阿弥陀堂と呼ばれる建物を作るようになります。また、臨終の人の枕もとに阿弥陀如来がお迎えに降りてくる姿を描いた絵や、極楽浄土に旅立った人々の伝記も生まれました。京都の宇治《うじ》にある平等院鳳凰堂《びょうどういんほうおうどう》は、三代の天皇の摂政・関白をつとめた藤原頼通《よりみち》が寺院として営んだもので、中には大きな阿弥陀如来像が祀ってあります。

このころから日本の仏像は大型化していきました。仏像の頭・手・足・胴をばらばらに作り、最後に合体させる寄木造《よせぎづくり》という技法が定朝《じょうちょう》という仏師によって開発されたからです。それによって仏像

用語解説

●2 藤原純友（ふじわらのすみとも）
瀬戸内海で海賊を率いて、国の機関であった大宰府（現在の福岡県太宰府市）を焼き討ちにするなどの乱をおこす。

の大量生産も可能となりました。

平等院鳳凰堂は東を向いて建っているので、人々は西を向いて中の阿弥陀如来像を拝むことになります。西のはるかかなたに極楽浄土があると信じられていたからです。そのため、人々が遠くからでも本尊の顔を拝めるように、お堂の前面には丸い大きな孔があいています。

一〇世紀の後期には、源信《げんしん》という僧侶が『往生要集《おうじょうようしゅう》』という本を著して、どうすれば極楽浄土に生まれ変われるかを説き、極楽浄土とその対極にある地獄の恐怖を対照的に描きました。日本人が、地獄に対して恐怖心を抱きはじめたのは、この本の影響によるものです。この本は

\ Culture & History /

もっと 知りたい日本!

念仏が仏となる空也上人像

京都の六波羅蜜寺《ろくはらみつじ》には、空也《くうや》という僧侶の姿を刻んだ奇妙な像が祀《まつ》ってあります。空也は一〇世紀中ごろに、京都の町中などで人々に念仏を勧めて歩きました。その像は、彼がひとたび念仏を唱えると、「南無阿弥陀仏」の一文字一文字が仏の姿になって口から出てくるようすを刻んだものです。

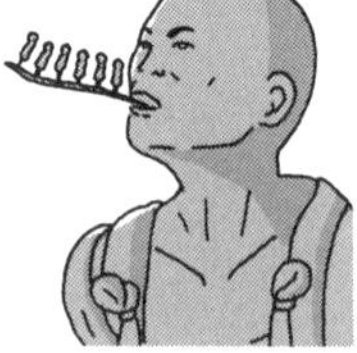

中国にもたらされ、名著として称賛されました。

❖平安時代❹～壇の浦合戦で平氏滅亡

一一世紀後半、平安時代も後期になると、●1東北地方で前九年合戦《ぜんくねんかっせん》と後三年合戦《ごさんねんかっせん》がおこり、その後、平泉《ひらいずみ》を中心に藤原清衡《きよひら》とその子孫が、産物である金や馬のほかに、北方との交易によって富を蓄えて支配を強めました。平泉の中尊寺金色堂《ちゅうそんじこんじきどう》は、藤原氏の栄華を象徴する建物で、その内部には藤原清衡とその子孫三代のミイラが納められています。

朝廷において藤原氏の摂関政治を支えた一つの柱は、天皇家との血縁関係です。ところが藤原頼通が天皇の后とした娘には次期天皇となるべき男子が生まれなかったことから、栄華をきわめた藤原氏の勢力はしだいに衰えていきました。

そんな中で皇位についた白河《しらかわ》天皇は子に皇位を譲った後、みずからは上皇《じょうこう》となり、一〇八六年から院政《いんせい》をはじめました。院政とは、

用語解説

●1 前九年合戦・後三年合戦
前九年合戦は土豪・安倍氏の反乱、後三年合戦は清原氏の相続争い。いずれも源義家らが平定し、東国での武家・源氏の立場を高めた。

天皇の父方にあたる上皇が執った政治のことです。それは、律令制度の枠組みの中で行われた最後の政治形態でした。白河上皇は院政を行った最初の上皇で、四三年間も政治の実権を握っていました。

院政がはじまると、朝廷（天皇）と院（上皇）の対立はしだいに深まっていきました。そして一二世紀の中ごろ、朝廷と院を中心に[1]保元の乱と呼ばれる勢力争いがおこり、朝廷（後白河《ごしらかわ》天皇）方が勝利しましたが、今度は朝廷方に所属した源氏と平氏を中心に再び勢力争いがおこりました。これが[2]平治の乱です。

平治の乱に勝利した平清盛《たいらのきよもり》は京都の六波羅《ろくはら》に役所を構え、一一六七年に武家として最初の太政大臣《だいじょうだいじん》に就任して大きな勢力をふるいました。これを平氏政権といいます。

広島県の厳島《いつくしま》神社は、もともと航海の守護神として崇拝《すうはい》されてきましたが、平清盛によって平氏の守護神のように篤《あつ》く祀られ、平家一門の繁栄を祈って経典も奉納されました。また、平安時代の末期には、平清盛によって京都に三十三間堂《さんじゅうさんげんどう》が作られました。現在の本

用語解説

●1 保元の乱（ほうげんのらん）
崇徳上皇と後白河天皇兄弟の対立に、後ろ盾となる藤原氏内部の家督争いもからみ、院政が混乱した。

堂は、鎌倉時代の再建によるもので、一〇〇一体の千手観音像《せんじゅかんのんぞう》などが納められています。

こうして一二世紀の後半、武士がいよいよ政治の舞台に登場する時代が到来しました。しかし、平清盛は武家・公家両方の顔をもちながら、ほしいままに政治をすすめたために、貴族や寺社、諸国の武士から反発を受けるようになりました。

そして一一八〇年、平氏を討てとの以仁王《もちひとおう》（後白河天皇の皇子）の命令を受けた源頼朝《みなもとのよりとも》らが兵を挙げ、五年間にわたって平氏と源氏の戦いが続きました。その結果、一一八五年、ついに平氏は壇《だん》の浦《うら》の戦いで滅び去りました。

用語解説

●2 平治の乱（へいじのらん）
保元の乱の勝者である清盛（平氏）と義朝（源氏）に、それぞれ藤原通憲と藤原信頼が結び対立した。負けた信頼は斬首、義朝は謀殺。

鎌倉時代～本格的武家政権

❖鎌倉時代❶～政治の実権は源氏から北条氏へ

平家を滅ぼした源氏の棟梁《とうりょう》源頼朝は、一一八五年、地方官として国ごとに守護《しゅご》を、荘園と公領に地頭《じとう》と呼ばれる武士を設置する権利を朝廷から獲得して鎌倉幕府を開きました。そして一一八九年、以前から対立していた奥州藤原氏をも滅ぼし、一一九二年に征夷大将軍◆1（将軍）に任命されました。

将軍と主従関係を結んだ武士は御家人《ごけにん》と呼ばれ、鎌倉幕府の政治や軍事を支えました。御家人に対して将軍は、彼らがもつ先祖伝来の土地を保護したり、地頭に任命するなどして「御恩《ごおん》」を与えます。それに対して御家人は、平時においては幕府に勤務して警備を行い、戦の際には軍事力となって「奉公《ほうこう》」に励みました。

このように土地を仲介としながら、主人（将軍）と従者（御家人）

◆1 征夷大将軍（せいいたいしょうぐん）

英語では？ barbarian-subduing generalissimo（未開の土地を征服する指揮権をもった将軍）

が御恩と奉公の関係で結ばれるあり方を封建《ほうけん》制度といいます。

源頼朝のあと、頼朝の長男である頼家《よりいえ》が二代将軍となりましたが、若い頼家の独裁を抑えるために幕府では合議制がしかれました。しかし頼家が重い病にかかると、母方の北条氏《ほうじょうし》によって一二〇三年に修禅寺《しゅぜんじ》に幽閉され、その翌年に殺されてしまいました。三代将軍には頼家の弟（頼朝の次男）である実朝《さねとも》がつきましたが、鎌倉の鶴岡《つるがおか》八幡宮《はちまんぐう》で頼家の子の公暁《くぎょう》によって殺されました。

この間、政治の舞台に勢力を伸ばしはじめたのは伊豆の豪族北条氏です。北条氏は頼朝時代の有力な御家人を排斥しながら、将軍を補佐する執権●1として幕府の実権をにぎりました。

❖鎌倉時代❷～公家と武家の二元支配

鎌倉に幕府が開かれたといっても、京都の朝廷や貴族が滅んだわけではありません。朝廷や有力な貴族、寺院や神社は荘園領主としても依然として強い勢力を誇っていました。しかも、鎌倉時代の初

用語解説

●1 執権（しっけん）
本来は院政の実務を担当する役職だったが、鎌倉時代には幕府の政務を行う最高位の職を指す。北条時政の任命以来、北条氏の世襲となる。

期において、勢力的には公家（朝廷や貴族）側が優勢でした。つまり、鎌倉時代には公家と武家による二元的《にげんてき》な支配が行なわれていたのです。

源氏の将軍が三代で滅んだのをきっかけに、後鳥羽《ごとば》上皇は政権回復を図るために一二二一年に兵を挙げました。幕府側でもこれに応じて大軍を出し、朝廷方を破りました。これを承久《じょうきゅう》の乱といいます。乱に勝利した幕府は、朝廷を監視するために京都に六波羅探題《ろくはらたんだい》と呼ばれる役所を置き、上皇側に味方した貴族や武士の土地をとりあげて、あらためて幕府から地頭を任命して勢力を拡大させました。その結果、支配力においては幕府が優位となりましたが、公家と武家の二元的な支配は武家側優位の形でその後も続きました。

この時、執権として政治的実権を握ったのが北条泰時《やすとき》です。泰時は、一二二五年に合議をするための組織として評定衆《ひょうじょうしゅう》を設置し、一二三二年には武家による最初の成文法《せいぶんぽう》として御成敗式目●1を制定しました。その結果、評定衆による合議制と御成敗式目による法治《ほうち》主義

用語解説

●1 御成敗式目（ごせいばいしきもく）
51条からなる鎌倉幕府の基本法。武家に対してのみ有効で、武家のもつ権利や義務、土地の相続権などについての規定が多い。

は、その後の執権政治を支える柱となりました。

鎌倉時代❸〜一門・一家を重視した武士の生活

鎌倉時代の武士の生活基盤は、惣領制《そうりょう》という仕組みの上に成り立っていました。一家の主を惣領、それ以外の人々は庶子《しょし》と呼ばれました。惣領と庶子は血縁関係でつながっていますが、やがて庶子も独立して家族を営むようになります。そうすると独立した庶子家にも惣領と呼ばれる主が生まれます。

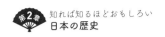

武士の社会では、宗家と独立した庶子家を合わせて一門とか一家と呼んでいます。宗家とは本家、庶子家とは別家または分家のことで、宗家の惣領は庶子家の惣領や庶子をも支配していたわけです。

武士の時代には、この「一門・一家」という考え方が重視されるようになり、人の名前についても、その一員であることを示すために、先祖の名前の一文字をとって命名することもよくありました。全員ではありませんが、鎌倉時代の執権北条氏には「時」、室町時代の将軍足利氏には「義」、江戸時代の将軍徳川氏には「家」の字が多く使われています。

また相撲の世界では、力士の四股名《しこな》に親方の現役当時の名前の一文字を入れることもよくあります。たとえば千代の富士という横綱[◆1]は引退後、九重《ここのえ》部屋を構えました。その弟子の多くは師匠《ししょう》の現役時代の名をとって「千代」という文字を四股名に入れています。そのため四股名を見ただけで、親方や所属している部屋の名前もわかるようになっています。一門という考え方は歌舞伎役者や落語の世界など、芸能界でも使われています。

婚姻においては一夫多妻でした。武家の家では妻が夫の家に嫁入りして同居するようになり、これがその後の武家社会の婚姻形態の基本的なスタイルとなりました。また、鎌倉時代から公家や武家の間では、「お見合い」による結婚がみられるようになりましたが、相手の女性を妻とするかどうかはすべて男の一存で決まりました。

通貨を見てみると、鎌倉時代には中国の宋王朝との通交によって、

◆1 横綱(よこづな)

英語では?
Yokozuna, grand champion of Sumo(相撲の王者)

大量の宋銭が輸入され、国内では為替《かわせ》を用いた遠隔地間の交易もみられるようになりました。

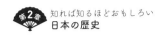

❖鎌倉時代❹～幕府を揺るがす二度の蒙古襲来

一三世紀初期、大陸ではチンギス＝ハーンの子孫がモンゴル帝国を築き、その孫のフビライ＝ハーンは首都を大都《だいと》に移し、国号を元《げん》と改めました。フビライに仕えたイタリアのベネチア出身のマルコ＝ポーロは、イタリアで捕虜になった時に獄中で書いた『世界の記述』（『東方見聞録』）の中でアジアの状況を伝え、日本を「黄金《おうごん》の国ジパング」としてヨーロッパに紹介しています。

元と日本との関係を見てみましょう。フビライは朝鮮半島を統一していた高麗《こうらい》を服属させ、日本をも従えようとしばしば使者を送ってきました。鎌倉幕府の執権北条時宗《ときむね》はこれを退けたため、一二七四年、元は高麗の軍とともに船団を率いて日本を攻め、博多湾に上陸しました。日本側は九州の御家人を中心に応戦しましたが、たまたまおこった暴風雨のために元軍は退散していったのです。これを文永《ぶんえい》の役《えき》といいます。

その後、日本は、博多《はかた》湾沿岸に石を並べて防備を固めました。一二七九年に南宋を滅した元は、一二八一年、再び大船団で攻めてきましたが、またも暴風雨がおこり、元軍は再び退いていきました。これを弘安《こうあん》の役《えき》といい、文永の役とあわせて蒙古襲来◆1あるいは元寇《げんこう》と呼んでいます。

二〇一一年一〇月には長崎県の鷹島《たかしま》沖の海底から、この合戦の時に沈没したと思われる元船の船底が発見されました。鷹島は蒙古襲来の際の戦場となったところです。

❖鎌倉時代❺～諸国の武士が蜂起し鎌倉幕府滅亡

蒙古襲来で戦った御家人に対して、幕府は彼らが満足するほど十分な褒美を与えませんでした。また、二度の戦に動員された御家人たちは、貨幣経済の波に巻き込まれながら、所領の細分化などによ

英語では？

◆1 蒙古襲来（もうこしゅうらい）
Mongol invasion（モンゴル帝国の侵略）

\ Culture & History /

もっと 知りたい日本！

自分の活躍をアピールした蒙古襲来絵詞

　蒙古襲来の時に活躍した肥後《ひご》（今の熊本県）の御家人に、竹崎季長《たけざきすえなが》という人がいました。彼の奮戦ぶりは、「蒙古襲来絵詞《もうこしゅうらいえことば》」にある絵と詞書に、克明に残されています。

　当時、戦で活躍した御家人には褒美《ほうび》が与えられていましたが、それには条件があり、「先駆《さきが》け」「分捕《ぶんど》り」「討《う》ち死《じ》に」をした者というものでした。竹崎季長の場合は「先駆け」をしました。

　「先駆け」とは、真っ先に相手の陣に飛び込むことです。「分捕り」は相手方の首領の首をとってくること。「討ち死に」は勇ましく戦の中で死んでいくことです。こうした行為が武士の勇ましさに値するということで、褒美の対象となりました。

ってしだいに経済的に苦しくなり、御家人制度そのものが動揺していきました。

政治の実権をにぎる北条氏においては、家督《かとく》を継ぐ得宗家[●1]が絶対的な権威をもつようになりました。また幕府内部では御家人同士の対立が激しくなり、それを押さえようと得宗家が統制を強めれば強めるほど、専制的な幕府に対する御家人の失望感や不信感が強まっていきました。

こうした状況の中、天皇親政をめざす後醍醐《ごだいご》天皇は一三二四年に倒幕を計画しました。しかし、これは事前に発覚したため失敗に終わります。一三三一年、後醍醐天皇は再び倒幕を計画しましたが、これも事前に発覚したため、天皇は捕らえられて隠岐《おき》に流されました。しかしこの間、幕府に対して不満をもつ諸国の武士も兵を挙げ、足利尊氏《あしかがたかうじ》が六波羅探題を、新田義貞《にったよしさだ》が鎌倉を攻めたことによって、一三三三年、鎌倉幕府は滅びました。

用語解説

●1 得宗（とくそう）
北条氏の中でも、本家の血筋をもつ家系のこと。北条義時以降の7代を指す。

❖鎌倉時代❻～鎌倉文化と新しい仏教宗派の誕生

鎌倉時代には、武士の気質にかなった力強くたくましい文化が育《はぐく》まれました。東大寺の南大門《なんだいもん》の両側にある金剛力士像《こんごうりきしぞう》という大きな彫像は、当時の一流仏師であった運慶[●2]や快慶《かいけい》らによって作られたもので、顔の表情に大きな特徴があります。

幕府が置かれた鎌倉には、鶴岡八幡宮という神社があります。平安時代に京都の石清水八幡宮《いわしみずはちまんぐう》から神を分けて祀った社《やしろ》に由来し、源頼朝が今の地に移し変えて以来、源氏の守護神として信仰されてきました。また、鎌倉には禅寺《ぜんでら》が多く、建長寺《けんちょうじ》や円覚寺《えんがくじ》は当時中国から来日した僧侶によって開かれました。高徳院《こうとくいん》にある通称「長谷《はせ》の大仏」もこの時代の作品です。

平安末期から鎌倉後期にかけての約一〇〇年の間に、人々に救いの手をさしのべる、六つの新しい仏教宗派が生まれました。そのやさしい修行法に従い、それに専念することによって一般の人々も救われる時代がやってきたのです。

用語解説

●2 運慶・快慶（うんけい・かいけい）
ともに鎌倉時代前期に活躍した仏師。東大寺金剛力士像の阿形（あぎょう）と吽形（うんぎょう）は、「あうんの呼吸」という言葉の由来にもなった。

では、人々が救われるには何にすがればいいのか——その答えは次の三つの中から選べばいいのです。一つは「南無阿弥陀仏」と唱える念仏。もう一つは「南無妙法蓮華経」と唱える題目。そして三つ目は座禅◆1を組むことです。

法然《ほうねん》はひたすら「南無阿弥陀仏」と念仏を唱えれば極楽浄土に往生できるとして浄土宗を開き、弟子の親鸞《しんらん》は阿弥陀仏によって救われると信じる心が大事だとして浄土真宗を開きました。一遍《いっぺん》という僧侶は、道行く人々に念仏札を配り、その札を手にした人はみな往生するとして時宗《じしゅう》を開きました。極楽浄土行きの片道切符を手にした人々は歓喜のあまり踊りはじめました。これが踊念仏《おどりねんぶつ》で、室町時代になると「風流《ふりゅう》」と呼ばれる華やかな踊りと結びついて盆踊りに発展・定着し、今日に至っています。

日蓮《にちれん》は、法華経《ほけきょう》が釈迦の正しい教えだという立場から、「南無妙法蓮華経」と題目を唱えれば成仏できるとして日蓮宗を開きました。

念仏や題目に頼ることなく、自力で救済の道を極めるのが禅宗で

英語では?

◆1 座禅（ざぜん）
Zen meditation

す。日本には栄西《えいさい》が臨済宗、道元《どうげん》が曹洞宗《そうとうしゅう》を伝えました。禅宗は特に武士の精神にも合っていたこともあって、鎌倉幕府や室町幕府は特に臨済宗《りんざいしゅう》を保護しました。ちなみに栄西は中国から茶種《ちゃしゅ》を日本に伝えた人でもあります。茶は宇治など各地で栽培され、薬としても飲まれました。

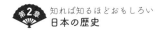

室町時代〜南北朝と下剋上

❖室町時代❶〜南北二つの朝廷が対立

鎌倉幕府が滅んだあと、後醍醐《ごだいご》天皇は天皇を中心とする新しい政治をとりました。この政治を、時の年号をつけて建武《けんむ》の新政といいます。しかし、政治の方針が公家側にかたよっていたために武士からの不満がつのり、武家政治の再興を図っていた足利尊氏が新政権に反旗をひるがえしました。

一三三六年、足利尊氏《あしかがたかうじ》は京都において光明《こうみょう》天皇を立てて政治の実権をにぎろうとします。一方の後醍醐天皇は吉野《よしの》に逃れて吉野朝廷を開きました。ここから朝廷は、京都の北朝《ほくちょう》と吉野の南朝《なんちょう》に分かれて対立することになりました。結局、建武の新政はわずか三年足らずで崩れてしまい、全国的に動乱の時代に入ったのです。約五五年間に及ぶ動乱の時代を南北朝時代◆1といいます。

英語では?

◆1 南北朝時代（なんぼくちょうじだい）
Nambokucho period, the period of the Northern and Southern Courts（宮廷が北と南に分かれた時代）

その間、足利尊氏は一三三八年に将軍となり、孫の三代将軍足利義満《よしみつ》の時代に南北朝の対立は終わりました。足利義満は、京都の室《むろ》町《まち》に「花の御所《ごしょ》」とよばれる邸宅《ていたく》を作り、その御所を政治の拠点としたので、この政権を室町幕府と呼びます。

室町時代❷～足利氏の政権と応仁の乱

義満は、それまで朝廷がもっていたさまざまな権限を吸収しながら統一政権の樹立をめざしました。この間、守護はさまざまな権限を獲得し、地頭やそのほかの武士を家来として従わせ、国司がもっていた権限を吸収しながら一国全体を支配するまでに成長し、守護大名●1と呼ばれるようになっていました。

足利義満は、将軍を補佐する管領《かんれい》に有力な守護大名を任命して幕府の形を整えました。しかしその一方では、将軍の権威を高め、統一政権としての基盤を強化するために、有力な守護大名を武力で討ち、その勢力を弱めようとしました。

用語解説
●1 守護大名（しゅごだいみょう）
地方を支配するために幕府から任命される役職。鎌倉時代にも守護はあったが、室町時代のほうが圧倒的に権力があったため守護大名と呼ばれる。

また義満は、中国の明《みん》と国交を回復し、勘合●1と呼ばれる証明具を使った貿易をはじめました。明からは多くの貨幣や生糸、絹織物などが輸入されました。また、朝鮮との貿易もすすみ、木綿《もめん》や朝鮮人参《にんじん》なども輸入されました。

六代将軍足利義教《よしのり》は、専制的に政治をすすめたため、一四四一年に守護大名によって謀殺《ぼうさつ》されました。その結果、幕府の権威は動揺し、また有力な守護家の内部でも紛争が目立つようになりました。

八代将軍足利義政《よしまさ》の時、将軍の跡継ぎ問題や守護家の家督《かとく》相続をめぐって一四六七年に大乱がおこりました。応仁《おうにん》の乱です。戦場となった京都は焼け野原となり、乱は一一年も続いて地方にも拡大していきました。

❖室町時代❸〜下剋上で戦国大名が台頭

世の中もすっかり変わりました。先例やしきたりなどを重視したそれまでの時代にかわり、実力のある者が身分の上の者をしのぐ下◆1

用語解説

●1 勘合（かんごう）
中国・明が外国との貿易を統制するために使用した文書の割符。文字と証印が入った紙を二つに割って、お互いがもち合い、証明とした。

剋上の時代に入ったのです。その結果、地方権力として各地に戦国大名が台頭しました。

戦国大名は独自に分国法《ぶんごくほう》と呼ばれる決まりごとを制定し、鉱山の開発や治水工事をすすめ、商工業者を保護するなどして富国強兵《ふこくきょうへい》政策をすすめます。と同時に、近隣の大名との戦いを続けながら、天下統一をねらいました。

戦国大名では、小田原《おだわら》を本拠とした北条早雲《ほうじょうそううん》、越後《えちご》では上杉謙《うえすぎけん》信《しん》、甲斐《かい》では武田信玄《たけだしんげん》、中国地方の毛利元就《もうりもとなり》らが知られています。なかでも上杉謙信と武田信玄は五回にわたって川中島《かわなかじま》の戦いで対陣しましたが、勝敗がつかないほどでした。それだけ戦国大名は、それぞれに軍事力を磨いていたのです。

戦国大名は政治・文化の拠点として、城下町づくりに励みました。京都に似せた町並みを作り、また京都の文化の移植につとめたことから、そうした町は「小京都《しょうきょうと》」と呼ばれるようになりました。現在では、北は青森県の弘前《ひろさき》から南は鹿児島県の知覧《ちらん》まで、「小京都」

英語では？

◆1 下剋上（げこくじょう）
the overturning of those on top by those below
（下にいる者が上にいる者を倒すこと）

と呼ばれている町が全国にたくさんあります。中でも「みちのくの小京都」と呼ばれる秋田県の角館《かくのだて》や「西の小京都」と呼ばれる山口などが有名で、観光地としても賑《にぎ》わっています。

❖室町時代④〜禅宗の影響が強い室町文化

京都の金閣と銀閣といえば、室町時代を代表する建物で、日本人だけではなく、京都を訪れる外国人のほとんどが足を運ぶところです。一般には金閣寺、銀閣寺と呼ばれていますが、三階建ての金閣は将軍足利義満の山荘として、二階建ての銀閣は将軍足利義政の別荘として作られました。壁などに金箔《きんぱく》が貼られた金閣は金色に輝いていますが、銀閣はそれに比べると簡素で静寂《せいじゃく》な印象を与えます。今の金閣は戦後、火災にあった後に再建されたものです。

室町時代の文化には、いたるところに禅宗の影響がみられます。

武家の住宅には書院造《しょいんづくり》とよばれる様式が取り入れられ、襖《ふすま》や障子《しょうじ》で仕切られた部屋一面には畳《たたみ》が敷かれ、室内には床《とこ》の間《ま》などもしつ

用語解説

●1 竜安寺（りょうあんじ）の石庭（せきてい）
竜安寺は臨済宗の寺院で、庭園は1499年頃に作庭された。京都市右京区。

らえるようになりました。これが今日の和風住宅の原型となっています。床の間には、生け花や掛《か》け軸《じく》などの座敷飾《ざしきかざ》りも施されました。

京都の竜安寺《りょうあんじ》にはみごとな庭園●1（石庭）があります。どこがすばらしいかというと、まず、水を使わないで流水を表現していることです。これも禅宗の影響によるもので、このような造園技法を枯山《かれさん》水《すい》といいます。また、庭に島のように並べられた一五個の石は、寺の縁側《えんがわ》のどの位置から見ても一四個しか見えないように作られています。仏教では一五が完成を意味するので、人間は常に一つ足りない未完成な状態にあるというわけです。

禅宗庭園としてはこのほか、苔寺《こけでら》とも呼ばれている京都の西芳寺《さいほうじ》の庭園もすばらしいものです。

この時代には観阿弥●2・世阿弥《ぜあみ》によって猿楽能《さるがくのう》が完成しました。能は各地の祭りにも取り入れられ、その合間には風刺《ふうし》を効かせた狂言《きょうげん》も演じられました。「初心忘るべからず」ということわざがありますが、これは世阿弥が残した名言なのです。

用語解説

●2 観阿弥・世阿弥（かんあみ・ぜあみ）

観阿弥は、将軍・足利義満の庇護を受けて活躍した能役者・能作者。世阿弥は観阿弥の息子で、父とともに能楽を大成した。

絵画では、中国の影響を受けた墨一色で自然を描く水墨画◆1が盛んになり、雪舟《せっしゅう》によって大成されました。

戦国時代になると、日本にはポルトガルやスペインの文化が伝えられました。これを南蛮《なんばん》文化と呼んでいます。それとともに、ポルトガル語のCopo（コップ）、Castella（カステラ）、Carta（カルタ）、スペイン語ではMedias（メリヤス）、Canaria（カナリヤ）など、多くの外来語も入ってきました。

一五四三年にポルトガル人が種子島《たねがしま》に漂着して鉄砲を伝え、一五四九年にはフランシスコ＝ザビエルが鹿児島に来航してキリスト教を伝えました。鉄砲の伝来によって、戦法や築城法が変わり、キリスト教の伝来によって、戦国大名の中には洗礼を受けてキリシタン大名になる者も現れました。

英語では?

◆1 水墨画（すいぼくが）

(Chinese)ink painting（墨だけで絵を描く、中国伝来の絵画様式）

\ Culture & History /

もっと 知りたい日本!

禅の精神にふれる竜安寺のつくばい

石庭で知られる京都の竜安寺には、有名なつくばいがあります。つくばいとは、手を洗うための水をたたえた鉢《はち》のことで、石や岩などをくりぬいて造られています。

竜安寺のつくばいは、中央に四角く空けられた部分に水がたたえられていて、その周囲に「五」、「隹」、「止」、「矢」という四文字がなぞかけのように並んでいます。

真ん中の四角を「口」として、一つずつ漢字を組み合わせると、「吾唯足知」という漢語がうまれます。これは「吾《われ》、唯《ただ》、足《た》るを知《し》る」と読み、「今が満ち足りていることを知り、欲を広げすぎてはいけない」という意味です。また禅の言葉「知足《ちそく》」を図案化したとも言われています。

つくばいは徳川光圀の寄進といわれる。

安土桃山時代〜近世という社会

❖安土桃山時代❶〜織田信長の天下統一の道

約一〇〇年間にわたった戦国動乱の中から、いち早く天下統一に着手したのは織田《おだ》信長《のぶなが》でした。信長は、一五六〇年に今川義元《いまがわよしもと》を破った桶狭間●1の戦いから歴史の舞台に本格的に登場します。

信長は、足利一二代将軍義晴《よしはる》の子の義昭《よしあき》を支えて京都に入り、彼を一五代目の将軍につけました。しかし義昭との関係が悪化し、自分の天下統一の邪魔になると考えると、容赦《ようしゃ》なく彼を京都から追放し、一五七三年に室町幕府を滅ぼしました。一五七五年には鉄砲隊の威力で武田勝頼《たけだかつより》の軍を破り、翌年には安土城《あづちじょう》を築きました。

信長は、それまでの日本の政治や社会の秩序に従わず、新たな政治・社会体制の確立をめざした最初の人でもありました。将軍のような既成の権威にすがろうとせず、また仏教界の頂点に君臨してい

用語解説

●1 桶狭間（おけはざま）の戦い

2万5000の今川軍を、奇襲を使ったわずか3000の織田軍が打ち破った戦い。義元は斬首され、以後、今川家は衰退した。

た延暦寺●2さえも焼き打ったことからもその意気込みがわかります。

経済界にも新風を吹きおこしました。城下町では、それまで認められていた市場の特権を廃止し、座と呼ばれた商工業者の同業組合を解体させました。これを楽市《らくいち》・楽座《らくざ》といいます。

また一向一揆《いっこういっき》などの仏教勢力に対しては弾圧の姿勢で臨《のぞ》みましたが、キリスト教は保護する姿勢をみせました。しかし一五八二年、信長は部下の明智光秀《あけちみつひで》の謀反によって本能寺《ほんのうじ》で自殺に追い込まれ、信長の時代は終わりました。これを本能寺の変といいます。

信長の死を聞いた豊臣秀吉《とよとみひでよし》は、戦の途中でしたが急いで引き返し、山崎《やまざき》の戦いで明智光秀を殺害しました。この戦いで大きな力をもつことになった秀吉は、翌年には賤ケ岳《しずがたけ》の戦いで柴田勝家《しばたかついえ》を破って、信長の後継者たる地位を確立しました。

秀吉ははじめ木下藤吉郎《きのしたとうきちろう》と名乗っていましたが、のちに羽柴《はしば》秀吉、そして一五八六年から豊臣の姓を名乗るようになります。

用語解説

●2 延暦寺（えんりゃくじ）

寺院でありながら多数の武装化した僧兵を率いて、朝廷や幕府にも恐れられる一大勢力であった。滋賀県大津市。

❖安土桃山時代❷～豊臣秀吉が全国統一

奈良時代に荘園が築かれて以来、日本には荘園という私有地と公の土地が広がっていました。そこにはさまざまな人々が関係していたので、一つの荘園をとってみても、所有権・管理権・耕作権・徴税権《ちょうぜいけん》などさまざまな権利が複雑に重なっていました。日本全体を治める者にとっては、全国の土地をしっかり押さえるためにも、そのような複雑な権利関係を整理しなければなりません。

そのため豊臣秀吉は、一五八二年から大規模な土地測量事業をはじめました。そして、「一地《いっち》一作人《いっさくにん》」と呼ばれる原則を打ち立てて、荘園と公《おおやけ》の領地を基本とするそれまでの土地制度を解体させ、近世的な土地制度の基礎を築き上げました。これを太閤検地《たいこうけんち》といいます。これによって、長く続いてきた荘園公領制《しょうえんこうりょうせい》と呼ばれる土地制度が消滅しました。現在、各地に残る新庄《しんじょう》（荘）・本庄《ほんじょう》（荘）、領家《りょうけ》などの地名は当時の名残なのです。

秀吉はまた一五八八年、農民を農事に専念させ、一揆を抑えるた

用語解説

●1 小田原の北条氏

関東最大の戦国大名北条氏の氏政・氏直父子が上洛に応じないことから、秀吉は諸大名を動員して討伐の命令を下した。北条氏は小田原城に籠城したが城は陥落し、滅亡した。

めに、武器を取り上げる刀狩《かたながり》を実施して兵農分離を図りました。そして●1小田原の北条氏や●2東北地方の伊達《だて》氏をおさえ、ついに一五九〇年、全国統一を完成させました。

宗教に対して秀吉は、はじめはキリスト教を認めていました。しかし、九州の大名であり最初のキリシタン大名となった大村純忠が、長崎をイエズス会に寄進《きしん》してしまったのです。これをきっかけに秀吉は、日本は「神国《しんこく》」だとして、一五八七年、バテレン（＝宣教師）を国外に追放する命令を出しました。しかしキリスト教の布教は禁止しても南蛮貿易はそのまま認めたため、キリスト教を完全に取り締まることはできなかったのです。

秀吉は外交面でも大きな野望をもち、一五九二年と一五九七年の二度にわたって朝鮮侵略を強行しましたが、この出兵は結果的には失敗に終わりました。そして自身も病に陥《おちい》る中で、一五九八年に伏《ふし》見城《みじょう》で息を引き取りました。

用語解説

●2 東北地方の伊達氏

奥羽で勢力を拡大していた伊達政宗だが、後北条氏討伐の兵動員力を見て秀吉に服属した。朝鮮にも出兵している。

❖安土桃山時代❸～城造りと娯楽が発達した桃山文化

安土桃山時代には、華やかで仏教色の薄い桃山文化が展開しました。桃山文化を代表する建物はお城です。お城は、大名の政治の場であると同時に住居として使われ、内部は書院造の部屋の組み合わせでできています。城の中心には天守閣《てんしゅかく》という高くそびえる楼閣《ろうかく》が作られました。世界文化遺産に指定された姫路城《ひめじじょう》には、大きな天守閣と三つの小さい天守閣がしつらえてありました。現存する最古の天守閣は、愛知県の犬山城《いぬやまじょう》のものです。

絵画では、襖《ふすま》や天井、屏風などにも絵が描かれ、狩野派●1と呼ばれる絵師がいろいろな作品を残しました。狩野永徳《えいとく》の「唐獅子図屏風《からじしずびょうぶ》」は特に有名です。江戸時代に盛んになった歌舞伎《かぶき》のもとといわれる阿国《おくに》歌舞伎が成立し、発展したのもこの時代です。

また琉球から伝わった楽器をもとに三味線《しゃみせん》が作られ、それを伴奏にした浄瑠璃《じょうるり》と呼ばれる語り物も人気を呼びました。

用語解説

●1 狩野派（かのうは）
室町中期におこった日本画の流派。始祖の正信は水墨画を主とし、次の元信は大和絵の画法を取り入れた。狩野永徳は信長・秀吉に仕えた。

桃山文化を象徴する姫路城と犬山城

白漆喰総塗籠造の美しい姿から、白鷺城の別名をもつ姫路城。

小高い山の上に建てられた犬山城は最古の天守閣をもつ。

江戸時代～封建的な幕藩体制

❖江戸時代❶～徳川家康による江戸幕府の誕生

豊臣秀吉が死去したあと、豊臣政権を守ろうとした石田三成《いしだみつなり》らは、一六〇〇年に徳川家康《とくがわいえやす》を中心とする軍と戦いました。「天下分け目の戦い」と呼ばれる関ヶ原の戦い[1]に勝利した徳川家康は、一六〇三年に将軍となり、江戸城を拠点に新たな武家政権を開きました。これを江戸幕府といいます。

家康は一六〇五年に将軍職を子の秀忠《ひでただ》に譲り、将軍職は代々徳川家が世襲することを示しました。そして自らは駿府《すんぷ》（今の静岡）に移り、大御所《おおごしょ》として体制全体を統括《とうかつ》する立場につきました。

一方、豊臣方の勢力は依然として大坂城に残っていたので、家康は一六一四年と一六一五年、二度にわたる大坂の陣[2]で豊臣氏を滅ぼしました。

用語解説

●1 関ヶ原（せきがはら）の戦い

西軍の石田三成らは総大将に毛利輝元を据えたが、味方の小早川秀秋の裏切り行為などもあり、徳川家康の東軍に惨敗する。

家康は死後、はじめ静岡県の久能山《くのうざん》、のちに栃木県日光《にっこう》の東照宮《とうしょうぐう》に改葬され、東照大権現《とうしょうだいごんげん》として祀られました。世界文化遺産に指定された日光東照宮は、五〇八体の彫刻が施された陽明門《ようめいもん》が特に有名です。東照宮内の建物にも動物の彫刻が多く施され、なかでも東回廊の名工左甚五郎《ひだりじんごろう》作の「眠り猫」や、神厩舎《しんきゅうしゃ》にある「見ざる言わざる聞かざる」の三猿《さんえん》がよく知られています。

幕府は、朝廷や大名を「法度《はっと》」と呼ばれる法令で統制しました。大名とは、一万石以上の領地の支配を認められた武士のことで、支配できた領地と支配の仕組み全体をまとめて藩《はん》と呼びます。江戸を中心とする幕府権力と、大名を領主とする地方の藩権力は、地方分権的な中央集権の形で結ばれていたことになります。

幕府は法度に背《そむ》いた大名に対し、改易《かいえき》・転封《てんぽう》・減封《げんぽう》などで厳しく処罰しました。改易とはお取《と》り潰《つぶ》し、転封とは領地替《が》え、減封とは領地削減の措置のことです。こうした厳罰で臨む支配のあり方を武《ぶ》断《だん》主義といいます。

用語解説

●2 大坂の陣

豊臣家が寺の鐘に刻んだ文字に、徳川家が難癖をつけて武力衝突に発展。1614年に「冬の陣」、翌1615年に「夏の陣」が行われた。

幕府の経済基盤は、農民から上がる年貢にも置かれていたので、年貢を確実に徴収し、農村の体制を維持するために農民に対してもさまざまな法令で統制しました。またポルトガルやスペインの軍事力を警戒した幕府にとって、キリスト教徒の増大は脅威《きょうい》だったため、一六一二年と一六一三年にキリスト教禁止令を出しました。

❖江戸時代❷～鎖国政策と幕藩体制の強化

三代将軍徳川家光《いえみつ》の時代には、幕府の政治組織も整備され、外交方針も定まりました。

一六二三年、オランダとの貿易競争に敗れて、イギリスが日本を退去します。翌年の一六二四年に幕府はスペイン船の来航を禁止し、その後一六三三年から五回にわたって外交方針に関する法令を出しました。一般に鎖国令と呼ばれているものです。そして一六三九年にポルトガル船の来航を禁止し、一六四一年に平戸にあったオランダ商館を長崎の出島《でじま》に移しました。

英語では？

◆1 鎖国（さこく）
national seclusion

◆2 武家諸法度（ぶけしょはっと）
Laws for the Military Houses

　こうして完成した禁教と貿易統制を目的とする幕府の外交方針を鎖国[1]といいます。鎖国といっても日本全国すべての港を封鎖したわけではありません。江戸時代の長崎は清とオランダに対する玄関口となり、薩摩藩を通して琉球から、また対馬藩を通して朝鮮からの使節もやってきました。

　長崎では毎年正月、キリシタンでないことを証明するために、キリストやマリアの像を踏む絵踏《えぶみ》が行われました。

　一方、一六三五年には大名を対象に武家諸法度[2]を出し、一定期間を決

日蘭交流の窓口となった出島

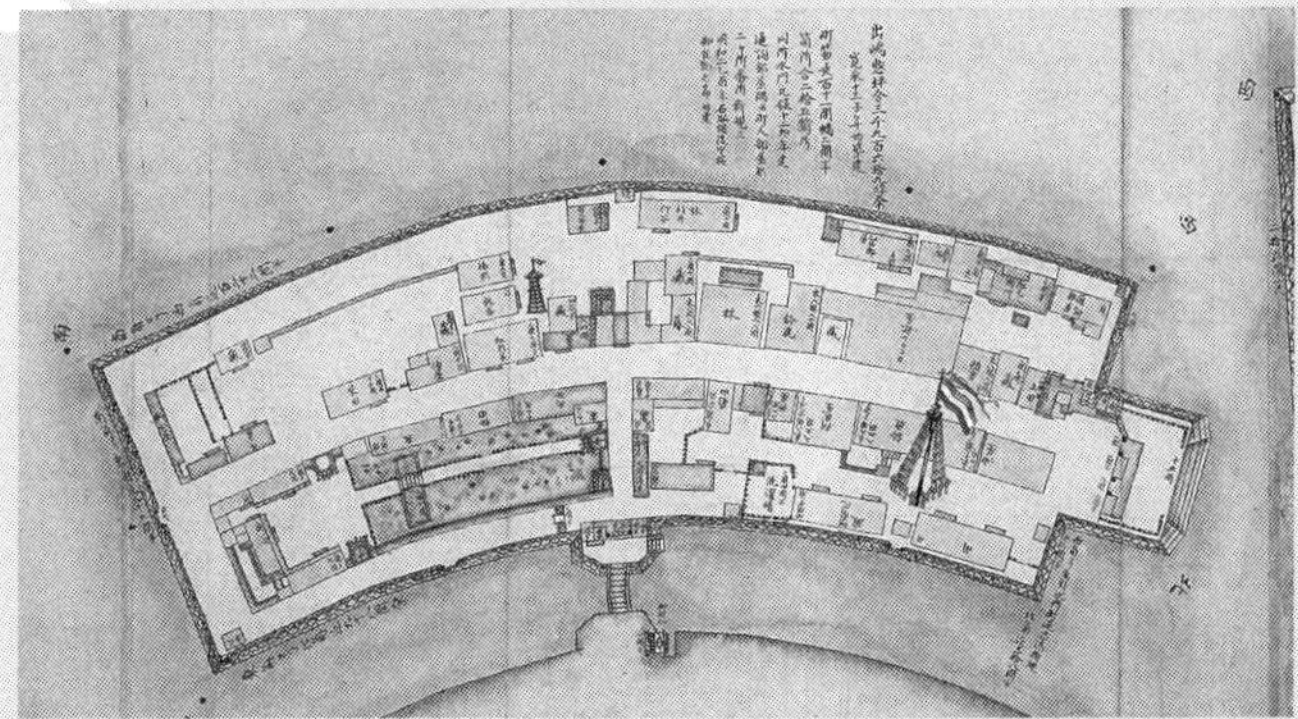

出島は長崎港内を埋め立てた扇形の小島で、オランダ商館やオランダ人の住居のほか、日本人の役人や通詞(通訳)の家、倉庫などがあった。
「長崎諸御役場絵図」提供：国立国会図書館

めて江戸と国元《くにもと》を往復させる参勤交代《さんきんこうたい》を制度として定めました。大名にとっては往復の費用や江戸での滞在費などでかなり出費がかさみましたが、幕府はこれによって地方権力者である大名の経済力を削減させようとしたのです。

❖江戸時代❸〜武断政治から文治政治への転換

三代将軍家光の死後、幕府の転覆《てんぷく》計画が明るみに出る事件がおこりました。由井正雪の乱●1です。その後、それまで厳格だった武断主義の方針が改められ、法律を整備したり、教育を盛んにすることによって秩序を整えていくことに方針転換が図られました。このような新しい政治を文治《ぶんじ》政治といいます。

また江戸時代初期には、思想の面においても、幕藩体制にふさわしい文化が育《はぐく》まれました。京都にある桂離宮《かつらりきゅう》は江戸時代初期に作られた皇族の別荘で、回遊式《かいゆうしき》の見事な庭園で知られています。

東京浅草にある浅草寺《せんそうじ》は、江戸で最も古い寺院で、江戸時代には

用語解説

●1 由井正雪（ゆいしょうせつ）の乱

兵学者の由井正雪は、幕府の政策によって牢人（主家を失った武士）があふれる世を嘆き、幕府転覆運動を画策。事前に発覚して自害した。

幕府の祈願所《きがんじょ》となり、一般庶民の信仰も盛んになりました。境内《けいだい》や参道周辺の人々は幕府から出店《でみせ》を構えて営業する許可が与えられ、仲見世《なかみせ》が発達しました。仲見世は日本で最も古い商店街として知られています。

四代将軍家綱の時代、一六五七年に明暦《めいれき》の大火と呼ばれる火事がおこり、江戸城の本丸や二の丸をはじめ、江戸市街の半分以上が全焼し、一〇万人以上の死者を出しました。今の東京都墨田区にある回向院《えこういん》は、死者の供養のために建てられた寺院です。その大火のあと、江戸城に軍事力を誇示する天守閣が再建されな

仲見世今昔

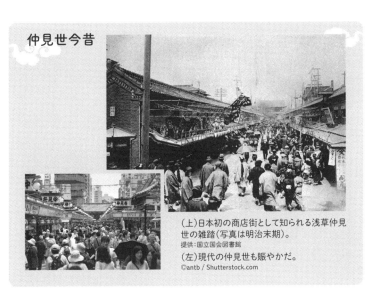

(上)日本初の商店街として知られる浅草仲見世の雑踏(写真は明治末期)。
提供:国立国会図書館

(左)現代の仲見世も賑やかだ。
©antb / Shutterstock.com

かったことも、文治政治への転換を示すものといえます。

❖江戸時代④～武家社会における武士と女性

武家政権の時代には、武士としての理想的な生き方も求められました。武士の時代には戦《いくさ》がつきものです。常に死を意識していた武士には、生き方としてたくましさや勇敢さ、それに潔さが求められました。当時、肥前藩の武士が書いた『葉隠《はがくれ》』という書物に、「武士道というは死ぬことと見つけたり」という言葉があるように、武士の時代には武士道◆1という倫理観が生まれ、儒教《じゅきょう》の考え方も取り入れられて士道《しどう》として重視されました。

江戸時代には、儒教の中でも特に朱子学《しゅしがく》とよばれる一派が幕府によって保護されました。それは、上下の別をわきまえることの大切さを説いていたからです。支配者にとって朱子学は都合のいい学問だったので、幕府はもちろん、地方の藩でも盛んになりました。

英語では？

◆1 武士道（ぶしどう）
Bushido, way of the Samurai

\ Culture & History /
もっと知りたい日本！

江戸の離婚事情

身分の別が厳しい江戸時代には、武家と庶民の結婚はできず、同じ身分同士の人が「お見合い」によって結婚しました。では同じ身分であれば自由に結婚できたかといえば、必ずしもそうではありません。「家」の存続と発展に障害があると認められた場合には、縁談は成立しませんし、成婚後も、「家風《かふう》に合わぬ」とか「釣り合いが取れない」という理由で離婚する場合もありました。

離婚の理由はさまざまで、現代なら憤慨《ふんがい》しそうなものもあります。たとえば大茶を飲む妻、物見遊山《ものみゆさん》が好きな妻、子どもがいない妻、嫉妬《しっと》深い妻などなど。これでもわかりますが、離婚の場合、町人や農民の間ではたいてい夫のほうから離縁状《りえんじょう》が出されました。紙に三行半ぐらいの文章が書かれたので、離縁状のことを「三行《みくだり》半《はん》」といいます。今とは違い、不本意な理由でも妻はそれを受け入れなければなりませんでしたが、再婚については口出ししないことになっていました。

それに対し、妻の側から離縁の意志を示す方法もありました。それは、駆《か》け込《こ》み寺に逃げることです。かんざしや櫛《くし》などを寺の中に投げ入れれば、「寺入り」が認められ、女性はその寺で雑用などを行って三年たつと、自動的に離婚が成立しました。駆け込み寺では、鎌倉にある東慶寺《とうけいじ》が縁切り寺として知られていました。

一方儒教には、男が尊く女は卑しいという考え方がありました。その考え方が社会全体に浸透したため、江戸時代の女性はかなり抑圧された生き方を強いられました。今でも自分の妻のことを「家《か》内《ない》」や「嫁」といった言い方をする場合がありますが、「家内」は「家の内にいるもの」とし、「嫁」は「女は家を守るもの」といった意味合いが強い言葉であることが字面《じづら》からもわかります。

江戸時代の女性には、「家では父に従え、嫁《とつ》いだら夫に従え、夫が死んだら子に従え」という三従の教えが叩き込まれました。そして家の繁栄のためには、跡取り◆[1]となる男子を生むことが重要視されていたのです。

このような傾向は戦国時代から表れるようになりました。武家社会における女性は、戦士としては役に立たないという考え方から、女性の地位が低く抑えられるようになったのです。政略結婚◆[2]も増え、結婚には大名の許可さえ必要となりました。

また個人よりも「家」が重視され、婚姻も「家」の存続と繁栄の

英語では？

◆1 跡取り・跡継ぎ
heir

◆2 政略結婚（せいりゃくけっこん）
marriage of convenience

ための手段とされたので、個人の好き嫌いなど入る余地はありません。結婚は、あくまでも「家」と「家」との結合だったのです。

さらに、「家」の繁栄のためにはどうしても跡継《あとつ》ぎとなる男子を産むことが絶対条件となります。そのため武家の家では一夫多妻《いっぷたさい》もあり、「腹は借り物」という考え方もまかり通っていました。一方、農村の貧しい家では、家族の人数を減らすために、生まれてきた子どもをすぐに殺す「間引《まび》き」も行われました。男子は跡継ぎにもなるし、労働力にもなると期待されたため、間引きの対象となるのは女児が多かったようです。

❖江戸時代❺～幕府財政が破綻した綱吉の時代

五代将軍徳川綱吉《つなよし》は、江戸の湯島《ゆしま》に孔子《こうし》を祀るための聖堂《せいどう》を建て、●1学問所を整備しました。一方では生類憐《しょうるいあわれ》みの令という極端な動物愛護令を出し、自身が戌《いぬ》年生まれだったことから、特に犬を大事にしたため、飼育のための費用などで庶民に大きな負担をかける結果となりました。

用語解説

●1 学問所(がくもんじょ)
湯島聖堂(ゆしませいどう)。1632年に上野に林羅山(はやしらざん)が建てた家塾を綱吉が湯島に移した。孔子廟。

この綱吉の時代に、幕府の財政は破綻《はたん》してしまいました。鉱山から上がる金銀の量が減少したことに加え、綱吉自身の贅沢《ぜいたく》な暮らしや、[●1]明暦の大火後の江戸市街の再建費用など支出が増大したからです。家康時代以来の蓄えも底をつきはじめました。

そこで財政を立て直そうという動きの中、はじめて貨幣の改鋳《かいちゅう》が行われ、元禄小判という金の含有量が少ない小判が作られました。これにより貨幣価値が下がったため、激しいインフレーションによって経済界は著しく混乱しました。

一七〇七年には富士山が噴火し、静岡県側の山の南東部の中腹に火口ができ、宝永山が生まれました。この時、江戸の町にも数センチ程度の火山灰が積もったようです。

綱吉の死後、六代将軍家宣《いえのぶ》・七代将軍家継《いえつぐ》の時代に学者の新井《あらい》白《はく》石《せき》らが政治を主導し、貨幣改鋳や貿易政策など政治の刷新を図りました。これを正徳《しょうとく》の治といいます。

しかし、家継が幼くして死去すると、家康以来の徳川本家筋の血

用語解説

●1 明暦（めいれき）の大火（たいか）
1657（明暦3）年1月18日、本郷本妙寺から出火し、翌日にかけて江戸城本丸や400町を焼失。焼死者10万人余を出した大火。振袖火事ともいう。

\ Culture & History /

もっと知りたい日本！

日本の国産貨幣と流通貨幣

奈良に都が移る直前、七〇八年に和同開《わどうかい》珎《ちん》が作られました。以後、平安時代中ごろまで国家によって一二種類の貨幣が作られました。しかし、和同開珎が作られた当時は、貨幣に対する認識が足りなかったこともあり、稲や布が貨幣のかわりとして使われ、はかばかしい流通はみられませんでした。

国産貨幣が本格的に作られるようになったのは江戸時代からです。大判・小判の金貨のほかに、重さを量って通用した銀貨や銅などでできた銭貨《ぜにか》もありました。銭貨が全国的に流通したことによって、それまで使われてきた中国からの輸入銭が使われることはなくなりました。また藩では、藩財政を補うために、領内に限って通用する藩《はん》札《さつ》も発行されました。

(左)慶長小判
1601（慶長6）年に発行された江戸時代の初期の小判。

(上)和同開珎
現在の埼玉県秩父市の和銅遺跡から、自然銅が産出したことから作られた。

(上)寛永通宝
江戸時代に広く流通した銭貨。裏面に波形があるものは4文、ないものは1文として流通。

所蔵：日本銀行金融研究所貨幣博物館

統が途絶えてしまったために、御三家《ごさんけ》の一つである紀伊藩主の徳川吉宗が八代将軍に就任することになりました。御三家とは、家康の子が藩祖で、将軍の跡継ぎを出すことができる水戸《みと》、尾張《おわり》、紀伊の三つの藩のことです。尾張は家康九男の義直が、紀伊は一〇男の頼宣《よりのぶ》が、水戸は一一男の頼房《よりふさ》が藩祖です。

❖江戸時代❻〜吉宗の享保の改革

吉宗が八代将軍に就いた時期は、江戸幕府にとって最も財政状態が厳しい時でした。そこで吉宗は、徳川家康の時代を理想に、一七一六年から政治の改革に乗り出しました。享保《きょうほう》の改革です。

改革の最大の眼目《がんもく》は、財政の再建にありました。そのため倹約令《けんやくれい》を出し、大名に対しては一定量の米を納めさせる代わりに、参勤交代の際、江戸にいる期間を半減させて負担を軽くしました。また、新田開発を進めて農地を拡大させ、年貢の率を引き上げて収入の増加をめざした結果、幕府の財政はある程度立ち直りました。

用語解説

●1 消防制度(しょうぼうせいど)
江戸と大坂で庶民がつくった消防のための組織。町火消。木造建築がほとんどだった当時、火事は町全体を燃やし尽くす恐ろしい災害だった。

吉宗の改革は多方面に及んでいます。「火事と喧嘩《けんか》は江戸の華《はな》」といわれたように、江戸は火事が多い町だったため、町火消《まちびけし》と呼ばれる消防制度が●1生まれ、道幅を広くするなど、延焼防止の対策も図られました。また、庶民の意見を聞くために目安箱《めやすばこ》が設置され、寄せられた意見をもとに、医療施設として小石川養生所《こいしかわようじょうしょ》が作られました。今は東京大学の植物園になっています。

また吉宗は、実際の日常生活に役立つ学問、「実学」を奨励しました。そのため、キリスト教に関係のないことを条件に、漢文に訳されたヨーロッパ

\ Culture & History /

もっと知りたい日本！

吉宗の時代にゾウが来た！

吉宗の時代、長崎に入港した船から二頭のゾウが陸揚げされました。ベトナムから渡来したゾウは、一頭は病死したものの、残る一頭は東海道を通り、江戸まで来ました。吉宗は江戸城大広間からゾウを見たと記録されています。

珍獣《ちんじゅう》の渡来はその後も続きました。吉宗の死後しばらくたってのことですが、一七九二年にはオランダ船に乗って、ボルネオ産のオランウータン一頭が上陸しました。

の書物の輸入を認めたり、飢饉《ききん》や凶作に備えてサツマイモの栽培を普及させました。

❖江戸時代⑦～吉宗時代を理想とした寛政の改革

一八世紀後半、一〇代将軍家治《いえはる》の時代に政治の実権を握ったのは田沼意次《たぬまおきつぐ》でした。田沼意次は、幕府の財政再建に商人の力を利用し、印旛沼・手賀沼の干拓を計画しました。また、株仲間《かぶなかま》と呼ばれる商工業者の同業組合の結成を奨励し、彼らから運上《うんじょう》・冥加《みょうが》という税金を集めることによって、その営業活動を保護しました。しかし一方では、地位などを求めて賄賂《わいろ》が横行し、風紀《ふうき》の乱れも目立つようになり世評も厳しくなっていきます。そして、家治の死とともに田沼意次は失脚してしまいました。

田沼が幕政の中心にいた天明《てんめい》期は、大飢饉《だいききん》や浅間山《あさまやま》の噴火、洪水などで米の不作が続きました。人々の生活は困窮し、大坂では庶民による商家などの打ちこわしがおこり、それを皮切りに全国で打ち

用語解説
●1 松平定信（まつだいらさだのぶ）
徳川吉宗の子・田安宗武の7男。白河藩松平家の養子となった後、将軍・家斉のときに老中首座となり、将軍を補佐した。

こわしがおこるようになります。

この天明の打ちこわしがおこるなか、一一代将軍家斉《いえなり》のもとで松[1]平定信《さだのぶ》が老中に就任し、一七八七年から吉宗時代を理想とした政治改革を行いました。これを寛政《かんせい》の改革といいます。

定信は、農村復興に重点をおいた政治をすすめ、都市に出ていた農民に資金を与えて農村に帰し、飢饉に備えて倉を設けて籾米[2]を蓄えさせました。旗本・御家人の経済窮乏を救うために、札差《ふださし》と呼ばれる江戸の金融業者に対して借金を放棄するよう命じたほか、町費の節約も行いました。また、朱子学のみを正式な学問と定め、退任後には昌平坂学問所《しょうへいざかがくもんじょ》という、幕府直轄の学問所も発足しました。

寛政の改革で幕府財政は一時的に立ち直ったかに見えましたが、厳しすぎる倹約や思想統制で、経済・文化が停滞し、結局は失敗に終わります。

用語解説

●2 籾米（もみごめ）

籾殻（もみがら）をつけたままの精米していない米。

❖江戸時代❽～天保の改革も失敗に終わる

一八三〇年代になると、世直《よなお》しを求める百姓一揆もおこるようになりました。一八三七年には大坂で大塩平八郎《おおしおへいはちろう》が貧民救済を叫んで乱をおこしましたが、一日もたたないうちに鎮圧《ちんあつ》されました。大塩が幕府の役人だったことや、乱が重要都市大坂でおこったことは、幕府に大きな衝撃を与えました。

そこで一八四一年に、老中水野忠邦《みずのただくに》によって再び幕政の改革がはじまりました。これを天保《てんぽう》の改革といいます。

忠邦は一二代将軍家慶《いえよし》のもと、享保の改革や寛政の改革にならい、倹約令●1を出して贅沢を厳しく取り締まりました。また人返《ひとがえ》しの法を出して江戸に出ていた農民を強制的に農村に帰させる一方、物価引下げのために、株仲間の解散を命じました。しかし、江戸と大坂の周辺の土地を幕府直轄にしようとして失敗し、わずか二年余りで失脚してしまいました。

このころ、地方の薩摩《さつま》藩や長州《ちょうしゅう》藩などでも、下級武士を中心に財

用語解説

●1 倹約令（けんやくれい）
衣食住などの暮らし全般において、浪費や贅沢を戒める法令。幕府・諸大名が発した倹約令には強制力があった。

政再建と藩の権力を強めるための改革がすすめられました。特産品の専売《せんばい》などによって改革に成功した有力な藩は、明治維新《めいじいしん》と呼ばれる時代の転換期に大きな影響を与えることになったのです。

江戸時代❾～浮世絵や伊勢参拝の旅が流行

江戸時代も後期になると、錦絵《にしきえ》と呼ばれるきらびやかな浮世絵《うきよえ》版画が流行し、美人画や役者絵などが盛んに作られました。美人画では喜多川歌麿《きたがわうたまろ》、役者絵では東洲斎写楽《とうしゅうさいしゃらく》が活躍しました。風景画では、「富嶽三十六景《ふがくさんじゅうろっけい》」（葛飾北斎《かつしかほくさい》）や「東海道五十三次《とうかいどうごじゅうさんつぎ》」（歌川広重《うたがわひろしげ》）などの傑作が生まれました。

浮世絵はヨーロッパにももたらされ、ヨーロッパの印象派《いんしょうは》の画家に大きな影響を与え、ジャポニズム[2]を呼び起こしました。また江戸時代の浮世絵は戦後、切手の図柄《ずがら》にも採用されました。最も古い浮世絵切手は、一九四八年に発行された菱川師宣《ひしかわもろのぶ》の「見返り美人図《みかえりびじんず》」です。

用語解説

●2 ジャポニズム
19世紀後半から20世紀にかけて、日本の美術工芸品がフランスを中心にヨーロッパの芸術家や美術工芸の分野に影響を与えた現象。

江戸後期には、巡礼《じゅんれい》や「御蔭参《おかげまい》り」と呼ばれる伊勢神宮への参拝がブームとなり、善光寺や金毘羅宮なども多くの参拝者で賑わいました。そして参拝した証として、寺院や神社の門柱や天井などに自分の名前や住所、屋号などを力強い字体で著した小さな札を貼るのがブームとなりました。これを千社札《せんじゃふだ》といいます。

粋《いき》で洒落《しゃれ》を好む江戸っ子は、色をつけたり文字にさまざまな工夫を施して札の交換を楽しみました。振り出し竿《ざお》と呼ばれる継ぎ足し式の長い竿の先端に蝶番《ちょうつがい》をつけて札を挟《はさ》み込み、それを丁寧に真っ直ぐに貼るのが腕の見せ所でもありました。

庶民の旅も盛んになり、熱海《あたみ》や草津《くさつ》、四国の道後《どうご》などは湯治場《とうじば》として栄えました。銭湯や髪結床《かみゆいどこ》は情報交換の場であると同時に、庶民にとっては格好の娯楽場となり、人々は縁日《えんにち》や神社の祭礼、相撲《すもう》観覧、寄席《よせ》での落語や講談などに興じました。

❖江戸時代⑩〜開国により世界との接触がはじまる

一八五三年、サスケハナ号に乗ったアメリカの東インド艦隊司令長官ペリーが軍艦を率いて浦賀《うらが》に来航し、開国を求めました。なぜアメリカは日本の開国を求めたのでしょうか。

当時アメリカは、北太平洋で盛んに捕鯨《ほげい》を行っていました。鯨《くじら》から取れる油を灯火として使うためです。またカリフォルニアを中心にゴールドラッシュ●1に沸《わ》いたため、アメリカ西部の開発もすすみ、太平洋航路の開設も現実味を帯びてきました。中国との貿易を望むアメリカは、中国へ向かう貿易船の食料や物資補給の中継地として、また捕鯨船の乗組員のための寄港地として、日本や琉球に目をつけたのです。

この時幕府は、朝廷に報告し、どのように対処すべきかについて、地方の大名にも意見を求めました。結局日本は、一八五四年にアメリカと和親《わしん》条約を結び、下田《しもだ》・箱館《はこだて》の二港を開くこと、アメリカ船が必要とする燃料や食糧を与えること、難破船《なんぱせん》や乗組員を救助する

用語解説

●1 ゴールドラッシュ
金が新たに見つかった場所へ多くの採掘者が集まること。また、その周囲にも飲食店や宿泊所が集まることで、地方経済が活況を帯びる。

ことなどを約束しました。これによって、長く続いた鎖国体制は崩れたのです。

まもなく初代の駐日総領事としてハリスが来日し、一八五八年に大老井伊直弼《いいなおすけ》は天皇の許しを得ないで、貿易に関わる条約に調印しました。この日米修好通商条約では、神奈川・長崎・新潟・兵庫を開くことや、開港した場所に居留地[1]を設け、一般の外国人の国内旅行を禁止することなどを定めました。

ところがその条約は、日本にいる外国人が犯罪に及んだ場合、日本には裁判権はなく、本国の領事が裁くことや、関税率を日本が自主的に決めることができないなど、不平等な内容をもつものでした。結局、アメリカ以外の国とも修好通商条約を結んで通商貿易がはじまり、日本は近代の世界各国と接触することになったのです。

❖江戸時代⓫～最大の貿易港として賑わう横浜

貿易は翌年からはじまり、日本からは生糸《きいと》や茶などが輸出され、

用語解説

●1 居留地（きょりゅうち）
外国人が生活や仕事が行えるように、居住、営業を許可した地域。横浜と長崎が日本初の居留地になった。そこに住む外国人を居留民と呼ぶ。

外国からは毛織物や綿織物といった完成品が輸入されました。取引額において首位に立った国はイギリスでした。アメリカは当時、本国で南北戦争（一八六一～一八六五年）がおこっていたため、日本との貿易どころではなかったのです。

貿易港として最も賑わったのは横浜です。横浜港には運上所《うんじょうしょ》と呼ばれる税関や関所が置かれました。関所以南に設けられた外国人居留地には住宅や教会が建てられて関内《かんない》と呼ばれ、関所以北は日本人居住区となっていました。

横浜にはアメリカ・イギリス・フ

貿易港として賑わう横浜港

開港したころの港湾施設は船溜まりしかなく、船は直接接岸できなかった。明治27年に大さん橋が造られて貨客船の拠点となり、欧州航路と北米航路に定期船が就航した。
「横浜海岸通之図」所蔵：横浜市中央図書館

ランスなど多くの外国商館が建ち並びました。また当時の外国人が日本に来るには、中国の開港地となっていた広東《カントン》や香港《ホンコン》などを経由することが多かったうえ、日本では漢字を使うので、中国の商人も通訳として便乗してやってきたのです。来日した中国人、特にその一世は華僑《かきょう》と呼ばれますが、彼らを中心に今の中華街が発展しました。長崎・神戸などの港町に中華街が発展したのも同じような理由によるものです。

横浜にはさまざまな外国文化が流入し、クリーニング、写真、西洋理髪、アイスクリーム、牛乳など、日本における近代西洋文化の発祥地として栄えました。

また、ペリー艦隊の水兵がマストから転落死したことをきっかけに、ペリーの要請によって、横浜の「海の見える場所」に外国人専用の墓地が築かれました。外国人墓地は「かながわの景勝《けいしょう》五〇選」にも選ばれ、今では観光地となっています。

用語解説

●1 金と銀の価値

当時、日本では金対銀は1：5で取引されたが、外国では1：15だった。そのため、外国人が大量の銀を持ち込んで金を買っていった。

❖江戸時代⑫～経済の混乱に動揺する日本社会

貿易がはじまった結果、日本の社会はどのように変化したのでしょうか。

自由貿易が行われたため、安価な綿製品が大量に輸入されたことで国内の綿業《めんぎょう》は大きな打撃を受け、一方では、生糸の大量輸出によって国内では品不足となりました。貿易での決済《けっさい》は銀貨で行われましたが、●1金と銀の価値が日本と外国で大きく違っていたため、大量の金が海外に流れてしまいました。しかも幕府は、●2質の悪い金貨を鋳造したため、ますますインフレーションに拍車をかける結果となり、国内経済は大きく混乱しました。

こうしたことから人々の外国人に対する不満が増大し、外国人を排斥《はいせき》しようとする気運が高まりました。これを攘夷《じょうい》といいます。ハリスの通訳ヒュースケンが暗殺されたり、イギリス公使館が焼き打ちされるなどの事件が続発したのはその表れです。

また、開国を決断して貿易をはじめた幕府に対する不満も強まり、

用語解説

●2 質の悪い金貨を鋳造
金の大量流出により貨幣改鋳して万延小判を鋳造したが質が悪く、物価が上昇してしまった。江戸時代最後の貨幣改鋳になった。

その矛先《ほこさき》が井伊直弼に向けられるようになりました。井伊直弼は自身に対する批判を抑えるために、開国に反対した大名や公家を厳しく処罰しました（＝安政《あんせい》の大獄《たいごく》）が、それがかえって不満を増大させることになり、一八六〇年、登城中に桜田門外《さくらだもんがい》で水戸浪士《みとろうし》らによって暗殺されました（＝桜田門外の変）。

大老井伊直弼を失った幕府は大きく動揺し、朝廷との連携によって政局の安定をめざそうとしました。これを公武合体●1といいます。幕府では老中安藤信正《あんどうのぶまさ》らが公武合体の立場から政治をとりましたが、安藤は一八六二年に反対派に傷つけられ、失脚しました（＝坂下門《さかしたもん》外《がい》の変）。

❖江戸時代⑬〜幕府の滅亡から新たな時代へ

こうして世には、天皇を尊び、外国人を排斥する尊王攘夷◆1の考え方が強まっていきます。そこで幕府は、横浜などの開港地を閉鎖しようと交渉をすすめましたが、各国から拒絶されてしまいました。

用語解説

●1 公武合体（こうぶがったい）
朝廷（公）と幕府（武）の提携を強める政策。安藤は孝明天皇の妹・和宮を将軍・家茂と結婚させて、幕府の存在感を高めようとした。

そしてついに幕府は、一八六三年五月一〇日に攘夷を実行するように各藩に命じたのです。これに応じた長州《ちょうしゅう》藩は、下関《しものせき》沖を通る外国船に向けて砲撃を加えましたが、翌年、アメリカ、イギリス、フランス、オランダの連合艦隊が下関を砲撃したため、長州藩は攘夷が不可能であることを知りました。

一方では、公武合体を目ざす人々によって、急進派の公家や長州藩の尊王攘夷派が京都から追放されました。一八六四年、長州藩は巻き返しを図ろうと京都に攻め上りましたが、再び敗れてしまいます。この禁門《きんもん》の変（＝蛤《はまぐり》御門《ごもん》の変）を機に、幕府は長州藩の征討に向かいましたが、長州藩は幕府に対して屈服したため、幕府軍は戦わずに撤退しました。

一八六三年には薩英《さつえい》戦争がおこり、イギリスから砲撃を受けた薩摩藩も攘夷が不可能であることを悟《さと》ります。その後、薩摩藩はイギリスとの関係を親密化させながら、一八六六年に長州藩と同盟を結んで幕府に反対する立場を明らかにしました。幕府は再び長州藩に

英語では？
◆1 尊王攘夷（そんのうじょうい）
Revere the Emperor, expel the barbarians

攻め入りましたが、長州藩の勢力を崩すことができず、一四代将軍家茂《いえもち》の死去をきっかけに戦闘をやめました。

一五代将軍慶喜《よしのぶ》の時、一八六七年一〇月に薩摩藩と長州藩は討幕の密勅《みっちょく》を得ました。しかし慶喜は、朝廷を中心とする新しい政権を作る際に徳川家の影響力を残すため、土佐藩のすすめで先手を打って政権を朝廷に返しました。これを大政奉還《たいせいほうかん》といいます。

そのため討幕の密勅は不発に終わりましたが、倒幕派《とうばくは》は一八六七年一二月に王政復古[1]の大号令を出して、天皇を中心とする新しい政権を打ち立てました。これによって、二六〇年以上続いてきた江戸幕府は倒れ、将軍はもちろん、摂政や関白も廃止されました。

またその夜に開かれた会議で、慶喜の内大臣《ないだいじん》辞任と領地の一部返上が決まったために、反発した慶喜はいったん大坂城に移り、新政府軍と対立する姿勢を固めました。しかし、旧幕府軍は一八六八年の鳥羽《とば》・伏見《ふしみ》の戦いに敗れ、一八六九年には箱館の五稜郭《ごりょうかく》の戦いで、最後まで抵抗していた榎本武揚《えのもとたけあき》の旧幕府軍も降伏しました。この間、

用語解説

●1 王政復古（おうせいふっこ）

政治体制の変革方針。幕府を廃止して、神武天皇が創業したような天皇を中心とした昔の体制に戻すこと。

西郷隆盛《さいごうたかもり》と勝海舟《かつかいしゅう》の会談によって、江戸城は殺傷事件などないまま明け渡されました。

足かけ二年にわたるこの新旧の交代劇を戊辰《ぼしん》戦争といいます。当時の人々は、江戸幕府の倒壊から新政府の成立にいたる動きを「御《ご》一新《いっしん》」と呼んで、新たな時代の到来に期待したのです。

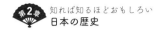

トップが実権を握らない日本の政治史

日本の政治史を振り返ると、そこに大きな特徴が浮かび上がります。各時代の社会や政界の頂点に君臨する人物はいても、必ずしも最高位の人が執政《しっせい》したわけではないことです。

古墳時代、ヤマト政権が続いた時代には頂点に大王《おおきみ》をいただきながら、実際に政務を主導したのは大臣《おおおみ》・大連《おおむらじ》の地位にあった豪族でした。奈良時代から平安時代にかけては、天皇を頂点にしながらも、中央では中央官庁につとめた貴族、地方は国司《こくし》とよばれる役人たちが実際の政治をすすめていました。平安時代中期には摂政《せっしょう》・関白《かんぱく》が、後期には天皇の父方にあたる上皇《じょうこう》が政治を執《と》りました。

古墳時代には豪族、飛鳥時代から平安時代までは公家（貴族）が政治をリードしましたが、鎌倉時代から江戸時代にかけては武家（武士）による政治がすすめられ、政界にはその首長《しゅちょう》である将軍が君臨《くんりん》しました。その武家社会においてさえ、将軍を頂点としながら、鎌倉時代には執権《しっけん》や得宗《とくそう》が実権を握り、室町時代には管領《かんれい》、江戸時代には老中《ろうじゅう》を中心に実務が進められました。

ときどきの例外はあっても、政治を実務的に主導したのは、おおむね第二階層の人々だったのです。

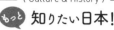

明治時代〜近代的な国民国家

❖明治時代❶〜中央集権国家の確立

新しく生まれた政府は一八六八年、今後の国家作りの基本を五箇《ごか》条《じょう》の誓文《せいもん》にまとめ、世論を大切にすることや外国と親しい関係を築いていくことなどを示しました。政治の基本は政体書《せいたいしょ》にまとめられ、アメリカ合衆国にならって三権分立制[●1]を取り入れようとしました。一八六八年には江戸を東京、年号を「明治」と改め、一八六九年には首都が京都から東京に移されました。

政治的な基本目標は、地方を直接的に統治する国づくりをすることにありました。そのため一八六九年に版籍奉還《はんせきほうかん》を実施して、藩主に領地と領民を朝廷に返還させました。一八七一年には廃藩置県《はいはんちけん》を行い、地方に残っていた藩を県に改め、東京から地方に役人を派遣することによって、中央集権国家の基礎を固めたのです。

用語解説

●1 三権分立（さんけんぶんりつ）
権力が一カ所に偏らないように、立法（国会）、行政（内閣）、司法（裁判所）の三つに国の最高権力を分けるしくみ。

また、役職の整備も進められた結果、薩摩藩・長州藩・土佐藩・肥前《ひぜん》藩の出身者や一部の公家が実権を握る藩閥《はんばつ》政府と呼ばれる政権が生まれました。

政府は、安定した財政基盤を確保するために、一八七三年から土地制度と租税制度の改革をすすめました。これを地租改正《ちそかいせい》といいます。江戸時代に出されていた古い法令を廃止するとともに、地価《ちか》を定め、地券●1を発行して土地所有者を確定させます。そして新たに土地所有者となった者には、地価の三％に相当する税を地租として現金で納めさせることにしたのです。

その結果、地租は多い時で政府の年間収入の約九割を占めるようになりました。このように地租改正で、ある程度の成果が得られましたが、農民の負担は江戸時代とほとんど変わらなかったため、各地で地租改正反対の一揆《いっき》がおこりました。

用語解説

●1 地券（ちけん）

壬申（じんしん）地券。政府が発行した土地所有権の確認証書。

●2 四民平等（しみんびょうどう）

「士農工商」の身分制度を廃止し、華族、士族、平民の三族籍に再編。

❖明治時代❷～新政府による富国強兵と殖産興業

また政府は、日本を欧米に並ぶくらい力の強い国にするために、経済や軍隊を強める政策をすすめました。この国家目標を富国強兵◆1といいます。そのために、近代産業の発展にも力を入れました。これを殖産興業《しょくさんこうぎょう》といいます。殖産興業政策をすすめたのは、工部省や内務省という役所でした。

さらに社会・経済制度全体を見回したうえで、身分制度も含め、封建的な古い体制の撤廃を図りました。●2四民平等の世の中になったのも、そうした政策の表れです。

富国強兵政策の一環として、政府はそれまでの武士にかわる新しい軍事力を作るために、一八七三年に徴兵令《ちょうへいれい》を出し、満二〇歳以上の男子を三年間の兵役《へいえき》に服させることとしました。国民皆兵《こくみんかいへい》の原則が掲げられたものの、戸主や後継ぎなどは兵役を逃《のが》れることができたため、実際に徴兵されたのは二男・三男といった、農家にとっては重要な働き手たちでした。そのため、各地で徴兵反対一揆もおこ

英語では?

◆1 富国強兵（ふこくきょうへい）
program of enriching the nation and building up the army

りました。

殖産興業政策の一環として、一八七一年には、それまでの飛脚《ひきゃく》にかわって郵便制度がはじまり、電信では長崎から上海までの海底電線によって、欧米との通信ネットワークがつながりました。一八七二年にはイギリスの援助によって新橋《しんばし》〜横浜間に鉄道●1が開通し、群馬県にはフランスの技術を導入して富岡製糸場《とみおかせいしじょう》も設立されました。また、信用制度の近代化も図られ、アメリカのナショナルバンクの制度にならって、一八七三年には最初の国立銀行が設立されました。

それまで蝦夷地《えぞち》と呼ばれていた地域は北海道と改められ、開拓使《かいたくし》を置いて、アメリカ式の農場制度や技術を移植して開発が進められました。その中心となったのは、屯田兵《とんでんへい》と呼ばれる農兵で、彼らは開発だけではなく、ロシアに対する備えにも力を入れたのです。

北海道にはアイヌと呼ばれる先住民がいましたが、彼らも労働力として動員されながら、一方では漁場が奪われるなど、その伝統的な生活や習俗が失われてしまいました。

用語解説
●1 鉄道（てつどう）
実際は桜木町−新橋間。機関車やレールはイギリスから輸入した。

❖明治時代❸～文明開化で衣食住すべて西洋化

明治時代の初期には西洋化・近代化の風潮が高まりました。これを文明開化[◆1]といいます。

東京の銀座のようすを描いた当時の浮世絵には、レンガ造りの建物やガス灯が並ぶ通りに、人力車《じんりきしゃ》や鉄道馬車が描かれています。人力車は明治時代の初期に発明された人力の乗用車で、今でも浅草や鎌倉など、各地の観光地で乗ることができます。

ザンギリ頭が文明開化の象徴となり、軍人・官吏・教師など、男性の間では洋服が流行しました。知識人は安愚楽鍋《あぐらなべ》と呼ばれた牛鍋を囲みながら、時代の転換を論じ合いました。

キリスト教が解禁になると、宣教師の活動も活発となり、各地にミッションスクールも作られるようになりました。建物では、長崎の大浦天主堂《おおうらてんしゅどう》がレンガ造りに改築されたほか、日本ハリストス正教会の聖堂として東京の駿河台《するがだい》にニコライ堂が建てられました。さらに北海道の札幌に建てられた北海道庁もレンガ造りで、今でも「赤

英語では？
◆1 文明開化（ぶんめいかいか）
Civilization and Enlightenment

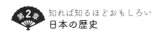

レンガ庁舎《ちょうしゃ》」と呼ばれています。

一八八九年に東京銀座に作られた歌舞伎座は、数度の修改築を経て、二〇一三年に新築されています。東京の日本橋《にほんばし》にある日本銀行本店は、一八九六年に完成した石造りの建物で、上空から見ると「円」の字形をしています。また外国人の出入りが多かった港町の函館・神戸・長崎などには、日本で亡くなった外国人のために、特定の外国人墓地が整備され、異国情緒豊かな光景が広がりました。

文明開化のころの東京銀座

（上）文明開化のころから、銀座は日本橋と並ぶショッピング街。
（左）歌舞伎座も多くの人で賑わった。
提供：国立国会図書館

❖明治時代❹〜新しい「時」と神と仏

明治時代になると、四民平等のもとで、華族[●1]から平民にいたるまで、身分の差なく婚姻が行われるようになり、日本人と外国人の婚姻も認められました。また、キリスト教の影響によって一夫一婦制となりましたが、一八九八年に明治民法が施行された後も「家」を中心とする封建的な家族制度はそのまま残りました。

日本の暦は七世紀の初期、推古天皇の時代に百済《くだら》から来日した観《かん》勒《ろく》という僧が暦法を伝え、それ以降、さまざまな太陰太陽暦《たいいんたいようれき》が使われてきました。それにかわって明治時代の初期に太陽暦が採用されることとなり、一八七二年一二月三日が一八七三年一月一日となりました。じつはこれには、厳しい財政状況にあった政府が、一二月分の給与を役人に支給しなくて済むという思惑《おもわく》もはたらいていたようです。

一週間を七日制・一日二四時間制とする新しい時の制度も取り入

用語解説

●1 華族（かぞく）

明治維新後、公家や大名に与えられた族籍。維新に貢献した人物にも授与された。一種の特権的身分で、1947年に廃止されるまで存在した。

れられ、官公庁では日曜休日制となりました。しかし、地方の農山漁村では依然として旧暦（農事暦）を用いて作業にあたるなど、明治二〇年代ごろまでは、江戸時代とほとんどかわらない生活が続いていたのでした。

一八六八年には神仏分離令が発布され、祭政一致の理念のもとに、神道の国教化が図られました。神宮寺《じんぐうじ》の建立や神前読経、神官の姿をした僧侶、僧侶の姿をした神官があたりまえの風景だった神仏習《しんぶつしゅう》合《ごう》のあり方が制度的に廃止される一方、神官や国学者らによって仏教排撃《はいげき》の風潮（＝廃仏毀釈《はいぶつきしゃく》）が全国的に高まりました。

そこで政府は一八七〇年に大教宣布《だいきょうせんぷ》の詔《みことのり》を出して、伊勢神宮を頂点とする神社制度を確立し、紀元節（神武天皇即位日）・天長節《てんちょうせつ》（天皇誕生日）を定めました。しかし、仏教界で復興運動がおこったことや、キリシタン禁制の高札が撤廃されてキリスト教宣教師の布教活動が活発になったことなどによって、神道の国教化は実現しませんでした。

明治時代⑤～西洋の学問・思想の研究と影響

西洋の学問は、すでに江戸時代に蛮書和解御用《ばんしょわげごよう》（幕末期に蕃書調《ばんしょしらべ》所《しょ》、洋書調所と改称）によって書物や文書の翻訳活動が行われ、医学など自然科学の分野では蘭学を中心とした研究がすすめられていました。明治政府もまた、アメリカ・イギリス・ドイツ・フランス・イタリアなどから●1お雇い外国人教師を招き、さまざまな学問・研究分野で指導を仰いだのです。その結果、日本人学者が独自に科学的研究を行える基盤も整えられました。

明治初期には、啓蒙《けいもう》思想《しそう》家によって演説会や翻訳書物を通じて、天賦人権思想や功利主義思想・自由主義思想など海外の近代思想が紹介されました。天賦人権思想とは、「人は生まれながらにして自由・平等・平和を求める権利がある」という、江戸時代までの日本では受け入れられないような考え方でした。そのため、「和」の精神を重んじてきた日本人の中には、「権利」を主張する西洋の考え方に難色を示す人々もたくさんいました。

用語解説

●1 お雇い外国人

明治時代初期に、海外の発達した学問や技術を取り入れるために政府機関や学校が雇った外国人。欧米人がほとんどだった。

外国の影響は文学や美術のほかに教育行政の面にもあらわれました。文学では、フランスやロシアの自然主義文学が島崎藤村らに影響を与え、美術でもフランスの後期印象派の影響を受けた黒《くろ》田清輝《だせいき》が外光派《がいこうは》と呼ばれる明るい色調を確立します。また、ロダンの「考える人」を見た荻原守衛《おぎわらもりえ》が西洋画から彫刻に転じるなど、文化の近代化におよぼした外国人の影響●1は枚挙にいとまがありません。

教育行政においては、学制はフランスの制度、教育令はアメリカの制度にならっています。また富岡製糸場にはフランスの技術、鉄道建設にはイギリスの技術を摂り入れるなど、政府は開国進取の方針のもとで、はじめは欧米の自由主義を認めていました。

❖明治時代❻～明治政府の外交政策

明治政府にとって大きな課題となっていたのが、江戸時代末期に日本が諸外国と結んだ不平等条約を改正することでした。政府は一

用語解説 **●1 外国人の影響**

工部美術学校で教えたイタリア人のラグーサはお雇い外国人。ニコライ堂と鹿鳴館はイギリス人建築家コンドルが設計。

\ Culture & History /

もっと知りたい日本!

海外で認められた日本美術

明治近代文化では、日本が欧米文化を急速かつ表面的・一方的に摂取したと考えられがちですが、日本文化も数多く世界に流出しました。

江戸時代に盛んに制作された浮世絵《うきよえ》は、伊万里焼《いまりやき》などを梱包《こんぽう》する際に緩衝材《かんしょうざい》としても利用されました。また廃仏毀釈で経営に支障をきたした寺院が、仏像・仏具・仏画などを売り払いました。これらは一部の好《こう》事家《ずか》や外国人たちによって持ち出され、また積極的に輸出されて、多くの美術品が海外に渡ったのです。特に浮世絵はフランス印象派のゴッホが蒐集《しゅうしゅう》し、それをまねて仲間と一緒に制作しました。それほど海外で日本美術は高い評価を受け、ジャポニズムに拍車をかけたのです。

八七一年、条約改正の予備交渉と欧米の制度や文物の視察を目的に、岩倉具視《いわくらともみ》を中心とする使節団を派遣しました。その後、多くの外交担当者が交渉にあたった結果、一八九四年に領事裁判権の問題を解決し、ついに一九一一年には関税自主権を回復しました。

政府の外交政策は、近隣の東アジア諸国にも及びました。中国とは一八七一年に対等条約を結び、台湾に対しては琉球《りゅうきゅう》の漂流民が殺害されたことから一八七四年に兵を出しました。琉球に対しては一八七二年に琉球藩を置きましたが、一八七九年にはそれを廃止して強硬手段で沖縄県を設置しました。

朝鮮に対しては、武力で開国させようとする征韓論《せいかんろん》という考え方がありましたが、欧米から帰国した岩倉具視らは、国内の統治を優先させるべきとして、朝鮮に対する使節の派遣を取りやめさせました。そして一八七五年におこった朝鮮との武力衝突事件をきっかけに、翌年、不平等条約を結び、朝鮮を開国させました。

ロシアとは国境問題を解決しなければなりませんでしたが、一八

英語では？

◆1 自由民権運動（じゆうみんけんうんどう）

Freedom and People's Rights Movement

七五年、樺太《からふと》はロシア領、千島《ちしま》全島を日本領とする条約を結んで、日露間の国境を画定させました。一八七六年には、小笠原《おがさわら》諸島が日本の管轄《かんかつ》下に入りました。

❖明治時代❼〜言論主体の自由民権運動の高まり

朝鮮を討とうという征韓論が排除されると、それを主張していた板垣退助《いたがきたいすけ》や西郷隆盛たちは一斉に辞職し、政府を去りました。

その後、政府内部では大久保利通《おおくぼとしみち》が政治の主導権を握りましたが、専制的な政治に対して不満が噴出《ふんしゅつ》し、西日本の各地で不平士族が武力で立ち上がりました。また、すでに政府を去っていた板垣退助らは、一八七四年に政府に対し、民撰議院《みんせんぎいん》設立の建白書《けんぱくしょ》を提出して国会の開設を求めました。◆1自由民権運動のはじまりです。

政府に対する武力反乱は一八七七年の●1西南戦争で終わり、言論を主体とする自由民権運動が本格的に高まりました。運動ははじめ士族を中心に進められましたが、しだいに地主や商工業者なども加わ

用語解説

●1 西南戦争（せいなんせんそう）
明治時代におこった最大かつ最後の士族による反乱。征韓論を政府に退けられた西郷隆盛と、鹿児島の士族が反乱の中心となった。

るようになりました。一八八〇年以降は国会開設を目指すようになる一方、民間では理想的な憲法草案作りも進みました。

自由民権運動が高まってくると、政府はいつまでも自由主義を黙認・放任しておくわけにはいかなくなり、一八八〇年代からしだいにドイツ流の国家主義に方針を転換しはじめました。教育行政においても、学校令や教育勅語を通して国家の統制が強化され、法典編纂においてもフランス法よりドイツ法に重点が置かれるようになりました。

一方、政府による急激かつ表層的な欧米文化の摂取や、極端な欧化主義政策に対して、日本の伝統的精神を尊重する気運が高まり、国権論や国家主義思想も唱えられるようになりました。西洋美術教育の必要性から設立された工部美術学校も、伝統回帰の風潮が高まる中で廃止に追い込まれたのもその表れです。

明治時代❽〜大日本帝国憲法と国会開設

政府内部では、国会の開設時期をめぐって意見が分かれていました。国会開設にはまだ時期的に早いとする伊藤博文《いとうひろぶみ》らは、一八八一年、即時開設派の大隈重信《おおくましげのぶ》らを政府から追放します。また自由民権派に対して政府は、一〇年後に国会を開くという約束をして、その運動の動きを抑えようとしました。

一方、国会開設に備えるために政党の結成も進み、板垣退助は自由党、大隈重信は立憲改進党《りっけんかいしんとう》を作りました。その後、経済不況が深刻化する中で、各地で民権運動家がかかわる激化《げきか》事件も多発しました。ここで一時的に停滞した自由民権運動は、一八八六年からの大同団結運動[●1]によって再燃《さいねん》しましたが、政府は保安条例《ほあんじょうれい》を制定して運動を厳しく弾圧しました。

政府もすでに立憲国家の体制作りをはじめており、一八八二年には伊藤博文をヨーロッパに派遣し、ドイツ流の憲法理論を学ばせました。帰国した伊藤は、憲法制定の準備をはじめる一方、一八八五

用語解説

●1 大同団結運動（だいどうだんけつうんどう）
後藤象二郎（ごとうしょうじろう）や星亨（ほしとおる）たちが起こした反政府運動。「大同団結」をスローガンにした運動で、全国的な広がりを見せたが後藤の入閣によって消滅。

年に創設された内閣制度のもとで、初代の内閣総理大臣に就任しました。

一八八九年、大日本帝国憲法[◆1]が制定されました。大日本帝国憲法は、天皇が定めて国民に与える欽定《きんてい》憲法で、天皇は宣戦《せんせん》・講和など幅広い権限をもっていました。そしてこの翌年、第一回帝国議会が開かれました。

議会政治が始まってからの約四年間は、政府と政党との間で軍事予算をめぐる攻防が続きましたが、しだいに対立の焦点《しょうてん》は外交問題へと移っていきました。

❖明治時代❾～立憲国家から政党内閣の誕生

帝国議会は貴族院と衆議院からなっていましたが、両院の権限はほぼ対等なものでした。

衆議院議員の選挙権は、一五円以上の国税を納める二五歳以上の男子にしか認められなかったために、有権者の数はきわめて少なく、

英語では？
◆1 大日本帝国憲法（だいにほんていこくけんぽう）
the Constitution of the Empire of Japan

全人口の一%程度にすぎませんでした。また、「臣民《しんみん》」と呼ばれた国民には、言論・集会などの自由が保障されましたが、あくまでも「法律の範囲内」という制限がついたものでした。

憲法に続いて刑法・民法・商法などの法典も制定されていきました。こうして法治国家としての形を整えたことによって、日本はアジアで初めての立憲国家となったのです。

明治時代の議会政治は、軍部や官僚を含めた藩閥勢力と政党勢力のせめぎあいで進みました。政府は政党に対して対抗的な姿勢を示し続けてきましたが、政策を実行するには政党を無視していては埒《らち》があかないと考えるようになります。また政党側も、いつまでも政府に対抗していては政策の実現が難しいと考えるようになったため、政府と政党はしだいに歩み寄るようになりました。第二次伊藤博文内閣に板垣退助が内務大臣として入閣したり、第二次松方正義内閣に大隈重信が外務大臣として入閣したのはその表れです。

そして一八九八年、大隈重信を首班とする内閣が成立しました。

これは日本で最初の政党内閣で、大隈と内務大臣になった板垣退助の名前の一部をとって「隈板《わいはん》内閣」とも呼ばれています。

❖明治時代⑩～「円」の誕生と厳しい労働環境

近代化政策の一環として貨幣制度の見直しがはじまり、一八七一年には新貨条例[1]が出されました。それにもとづいて新しい硬貨が発行されるようになり、お金の単位もその形から「円《えん》」と呼ぶようになり、今日に至っています。

一八八二年には中央銀行として日本銀行が設立されました。やがて国際取引が盛んになると、外国とは通過の単位も価値も異なることから、貿易において世界と共通するひとつの基準が必要となりました。その基準となったのが金です。そこで一八九七年に貨幣法という法律を制定し、一円＝金七五〇ミリグラムと決めたことによって、日本でも金本位制[2]が確立しました。

明治時代には、政府の保護のもとに繊維《せんい》産業が成長し、のちに重

用語解説
●1 新貨条例（しんかじょうれい）
「円・銭・厘」という新しいお金の単位が決まり、新硬貨の鋳造がはじまった。以前のお金との交換レートは、1両=1円だった。

工業も盛んになって日本でも資本主義が確立しました。やがて、労働組合の結成がすすみ、劣悪《れつあく》な環境のもとで低賃金・長時間労働を強いられてきた労働者たちは、賃金の引き上げや待遇の改善を求めてストライキをおこしましたが、政府は治安警察法という法律によって運動を厳しく抑えました。

当時の工場労働者のうち、半数以上が繊維産業に従事し、その八割以上が女性でした。女性労働者の中には、貧しい農家に生まれ、家計を助けるために働きに出た人々も多くいました。男性は工場以外に、鉱山や運送などの仕事に就いていていました。

❖明治時代⑪～日清・日露、二つの戦争

この間、日本は大きな戦争を二度経験しました。一つは朝鮮の支配をめぐって中国と衝突した一八九四年の日清戦争、もう一つは満《まん》州《しゅう》と呼ばれた中国東北部と韓国をめぐってロシアと戦った一九〇四年の日露戦争です。

用語解説
●2 金本位制（きんほんいせい）
貨幣価値と実質的価値を一致させた金貨を、その国での通貨基準とする制度。

日清戦争に勝利した日本は、一八九五年の下関条約によって清《しん》から賠償金などを獲得し、またヨーロッパの列強は中国の分割に乗り出しました。そのため中国では、義和団《ぎわだん》が中心となって、外国勢力を排除するため各国の公使館を包囲しましたが、日本など八カ国が出兵してこの動きを抑えました。この時、日本の軍事力が列強から「極東《きょくとう》の憲兵《けんぺい》」として認められたのです。日本は富国強兵という目的を一つ実現させました。

その後、ロシアは中国東北部に軍をとどめたため、日本は一九〇二年、イギリスと同盟を結んでロシアの動きに対抗しようとしました。国内ではロシアと戦うべきだとする主戦論の世論が高まり、非戦論派と対立します。しかし政府もロシアとの戦争準備をすすめていたため、ついに開戦してしまいます。

日本はこの日露戦争の日本海海戦で、バルチック艦隊を撃破《げきは》するなど勝利をおさめましたが、しだいに日露両国とも戦力に限界が生じてきます。その結果、一九〇五年、アメリカのポーツマス[●1]で講和

●1 ポーツマス条約

用語解説

アメリカのポーツマスで結ばれた日露講和条約。ロシアが日本の韓国指導権を認め、南樺太を譲るなど、全体的に日本が有利な内容となった。

条約が結ばれました。

ところが、このポーツマス条約には賠償金が入っていませんでした。莫大な戦費を使ったにもかかわらず賠償金が取れなかったことなどへの不満から、国民は政府を激しく攻撃し、東京では警察署や新聞社を襲う暴動にまで発展しました。

日露戦争の最中、日本は韓国と三度にわたって協約を結び、韓国の外交権や内政権を奪っていきました。さらに一九一〇年には韓国を併合《へいごう》して、日本の植民地としました。

日露戦争後の政界では、藩閥・官僚・軍部勢力を基盤とした桂太《かつらた》郎《ろう》と立憲政友会の西園《さいおん》寺公望《じきんもち》が交互に政権をたらい回しにする時代が続きました。両者の頭文字をとって明治時代末期の約一〇年間を「桂園《けいえん》時代」と呼んでいます。

大正時代～大正デモクラシーの時代

❖大正時代❶～憲政擁護運動と第一次世界大戦

一九一二年一二月に桂太郎が三度目の組閣《そかく》をすると、議会を無視して政権を独占しようとしているとして、尾崎行雄《おざきゆきお》や犬養毅《いぬかいつよし》らの政党人や都市の知識人らが憲政擁護運動をおこし、桂太郎内閣を二カ月足らずで退陣に追い込みました。この第一次護憲運動[●1]は、民衆の力が内閣を退陣に追い込んだ最初の運動として大きな意味をもっています。

一九一四年、世界では第一次世界大戦がはじまりました。第二次大隈重信内閣の時です。この時日本は、イギリスと同盟を結んでいたことを表向きの理由に参戦し、ドイツの根拠地である青島《チンタオ》や、ドイツが中国の山東省《さんとうしょう》にもっていた権益、さらに赤道以北のドイツ領南洋諸島の一部を占領しました。

用語解説

●1 護憲運動（ごけんうんどう）

特定の閥族や官僚による政治に反対して、議会で政治をすすめていくことを目指した運動。政友会の尾崎、国民党の犬養らが主導した。

その一方で、一九一五年に、中国の袁世凱《えんせいがい》政府に対して二十一カ条からなる要求[2]を示し、その大部分を認めさせました。そのため中国ではこれを屈辱的《くつじょくてき》として、反日感情を強めることとなりました。

第一次世界大戦中、国内では米の買占めや売り惜しみによって米価が急騰したため、全国的に米騒動が広がりました。また、この時期、日本はそれまで長く続いてきた慢性的な不況から脱却して、大戦景気を謳歌《おうか》しました。

水力による発電事業もすすみ、工業用動力が電力にかわるなど、生産環境が大きく変化しました。その結果、重化学工業に就労する男子の数が増え、工業生産額の増大とともに日本は農業国から工業国へと成長していったのです。

一九一九年にパリで第一次世界大戦の講和会議が開かれ、ヴェルサイユ条約によってドイツに対する厳しい制裁措置がとられました。そして、国際平和のための機関として一九二〇年に国際連盟が設立され、日本はイギリス・フランス・イタリアとともにその常任理事《じょうにんりじ》

用語解説
●2 二十一カ条の要求
内容は、山東省のドイツの権益の譲渡、南満州・内モンゴルの権益の99年延長、またその地域への鉄道敷設権の要求などであった。

国《こく》となりました。この時、アメリカは上院《じょういん》が反対したため、参加しませんでした。

中国では、パリ講和会議で日本が山東省の権益を引き継ぐことが認められたため、一九一九年、ヴェルサイユ条約の調印反対を叫ぶ五《ご》・四《し》運動がおこりました。また朝鮮でも、日本からの独立を叫ぶ三《さん》・一《いち》独立運動がおこりました。

❖大正時代❷〜普通選挙法の制定

米騒動の責任をとって退陣した寺内正毅《てらうちまさたけ》内閣の後、立憲政友会《りっけんせいゆうかい》の総裁原敬《はらたかし》が内閣総理大臣になりました。藩閥勢力もようやく政党政治の必要性を認識しはじめたのです。

原敬は、何の爵位《しゃくい》も持たない衆議院議員の出身だったので、「平《へい》民宰相《みんさいしょう》」として国民から期待されました。しかし、政党の利益と、そのための策略にはしる傾向を抑えることはできず、また政党と財閥との癒着《ゆちゃく》がすすむなど、政党政治は腐敗の色を強めていったのです。原敬が東京駅で暴漢に暗殺されたあと、高橋是清《たかはしこれきよ》が組閣しました。

高橋内閣のあと、加藤友三郎《かとうともさぶろう》・山本権兵衛《やまもとごんべえ》・清浦奎吾《きようらけいご》と、三代にわたって非政党内閣が続きました。そして一九二四年におこった二度目の憲政擁護運動《けんせいようごうんどう》の末、加藤高明《かとうたかあき》を中心とする連立内閣[1]が生まれました。

一九二五年には、念願の普通選挙法が制定され、納税額による選挙権制限はなくなりました。ただし、女性の参政権はまだ認められていなかったため、まだ制限選挙がつづいていたのです。一方、ソ連との国交回復を背景とする共産主義運動を取り締まるために、同じ年に治安維持法《ちあんいじほう》も制定されました。

普通選挙法の制定以後、総選挙で勝利した第一党の党首が内閣を組織することが「憲政の常道」となり、一九三二年に犬養毅内閣が倒れるまで、この慣例《かんれい》が続きました。

用語解説

●1 連立内閣（れんりつないかく）

「護憲三派」と呼ばれた、加藤の率いる憲政会、犬養毅の革新倶楽部、高橋是清の政友会が提携して組閣した内閣。

❖大正時代③～大正デモクラシーと民本主義

大正時代には、大日本帝国憲法の枠内で、自由主義的・民主主義[◆1]的方向に政治の現状を切り崩そうとする風潮が高まりました。大正デモクラシーです。その思想的な柱となったのが、吉野作造《よしのさくぞう》が唱えた民本《みんぽん》主義と、美濃部達吉《みのべたつきち》が唱えた天皇機関説でした。

吉野作造は民主主義という言葉をあえて使わずに、政治の目的は民衆の福利増進に置かれるべきとして、「民」衆「本」位の政治を求めました。民本主義とはここから生まれた言葉で、吉野作造は普通選挙の実施と政党政治の実現を当面の目標にすえました。

美濃部達吉は、天皇と国家を分けて考え、主権はあくまでも国家にあり、天皇はその最高機関（最高の執行者）に過ぎないと主張して政党内閣を是認しました。そのため、統治権は天皇にあるとする天皇主権説と真《ま》っ向《こう》から対立することとなりました。

大正デモクラシーの風潮を背景に、労働運動・婦人運動・学生運動・部落解放運動などさまざまな社会運動がおこります。農村でも

英語では？
◆1 民主主義（みんしゅしゅぎ）
democracy

小作料の引き下げを要求する小作争議が頻発し、農民運動も高まりました。はじめてメーデー●1が実施されたのは一九二〇年のことで、労働争議も頻発しました。

大正時代❹～大衆文化・都市文化が発達

また、「民衆」という言葉が生まれ、自我や個性、人格を尊重する個人主義的な風潮が高まったのもこの時代です。それは例えば文学における白樺派の作品や、新劇を通した自己表現の確立に表れ、教育においては綴方《つづりかた》と呼ばれる作文や、自由画を中心とする自由教育運動という形で具体化されました。

大正文化の第二の特徴は、文化の大衆化が進んだことです。大戦景気によって工業化がすすみ、それを背景に多くの人々が労働力として都市部に集中し、都市化を促しました。

人々が集散するターミナル駅も整備されはじめ、一九一四年に東京駅が完成しました。ルネサンス様式を取り入れた三階建ての鉄骨

用語解説
●1 メーデー
毎年5月1日、国際的に行われる労働者のための祭典。デモ行進などをして、経営者（資本家）に労働条件の改善を要求する。

赤レンガ建築で、オランダのアムステルダム中央駅にならったものといわれています。東京駅は一九二三年の関東大震災◆1ではもちこたえたものの、一九四五年の空襲によって被災しました。それが二〇一二年、改修工事によって創建当時の姿をあらわしました。

関東大震災がおこった一九二三年には、鉄筋コンクリート造りの丸の内ビルディングが作られ、これがアメリカ式の高層建築のはしりとなりました。

都市の街中には、鉄筋コンクリート造りの百貨店やビルが建ち並び、「今日は帝劇、明日は三越」といった余暇と消費意欲をかき立てるキャッチコピーも登場しました。銀座や浅草などの盛り場には、ビアホールやカフェも生まれ、ジャズやダンスなどの欧米型の娯楽・社交も広まりました。

❖ 大正時代❺〜サラリーマンがあこがれた文化住宅

私鉄電車を乗り継いで都心に通勤した俸給生活者（＝サラリーマ

英語では？
◆1 関東大震災（かんとうだいしんさい）
Great Kanto Earthquake of 1923

都市文化が花開いた大正時代

(上)2012年に復元工事が完成して、開業当時の姿を見せる今の東京駅
©iStockphoto.com/winhorse

(左上)日本初の洋式劇場として開場した帝国劇場。
(左下)多くの興業小屋が一括移転され、浅草六区は興業の中心地に。
(下)日本橋三越は明治33年に商品をショーケースに陳列するという画期的な売り方をはじめた。
提供：国立国会図書館

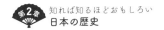

ンや職業婦人）には、郊外に文化住宅と呼ばれる瀟洒《しょうしゃ》な家を構えるという夢がありました。

文化住宅は、中廊下をもち、玄関の脇にフローリングの応接間を備えた和洋折衷の造りが一般的でした。和空間は日常、洋空間は接待用と区別して使用できる家に住むのが、人々にとって一種のステータスシンボルにもなっていたのです。

一方、居間からどの部屋にも呼びかけられる廊下のない居間中心のタイプの文化住宅もありました。不動産業者にとっては、家族間に秘密の生じ得ない家庭団欒《だんらん》主義の家であることが最大の「売り」となり、それが中産階級の心をとらえました。

住宅構造のいかんに関わらず、人々の日常生活は、卓袱台《ちゃぶだい》を囲んだ一家団欒の食文化を基本として成立しました。それまでの箱膳《はこぜん》から卓袱台への転換によって、食卓に上るメニューも大きく変化したのです。ライスカレー（カレーライス）、コロッケ、トンカツ、オムレツや、ナイフ、フォーク、スプーンといった洋食器も並ぶよう

用語解説

●1 平塚雷鳥（ひらつからいちょう）

女性の地位の向上や、参政権を求める運動を推進した。市川房枝とともに、女性に不平等な法律の撤廃を目指し、新婦人協会を設立。

になるなど、現代の洋食文化の原風景が整いました。

箱膳時代には各自の食器洗浄は月に数回程度だったのですが、衛生観念の発達によって、その都度、食器を洗うようになりました。電灯、水道、ガスがいつでも使える生活環境は、新しい食文化を衛生面でも支えることとなったのです。

❖大正時代❻～根深い男尊女卑と広がる生活格差

明治後期から大正時代にかけて、抑圧からの解放を求めて立ち上がる女性も出ましたが、長い封建社会にしみこんだ男尊女卑《だんそんじょひ》の慣習からの脱却はなかなか難しいことでした。平塚雷鳥●1のように進歩的な考え方をもった女性は、「新しい女」と侮蔑《ぶべつてき》的に呼ばれることもありました。

しかし、街中にはモダンガール●2と呼ばれる洋装の若い女性も闊歩《かっぽ》するようになりました。女性の社会進出によって職業婦人も多くなり、美容院も賑わいを見せるようになりました。とはいえ、女性には参政権が認められなかったことにも象徴されるように、女性の社

用語解説
●2 モダンガール
大正後期から昭和初期に流行した言葉。和服ではなく洋服を着込んだ現代的な女性を指した。

会的地位は依然として低いところにおかれていたのです。

メディアでは、一九二五年にはラジオ放送もはじまり、歌謡曲も多くの人々の耳に届くようになります。また、義務教育による識字率の向上と高等教育機関の拡充は、人々の知的水準を引き上げ、新聞・雑誌の購買部数を飛躍的に引き上げました。

大正時代には洋風の「モダン」な生活が普及し、ライフスタイルも転換しはじめましたが、それは都市部に限られたことでした。地方の農山漁村における生活様式とは、文化的にもかなりの格差があったことはいうまでもありません。また都市部においても、大企業と中小企業の労働者の間には、生活水準における厳しい格差が広がりはじめていました。

昭和から平成の時代

❖ 昭和時代❶～ファシズムに傾いた戦前

大正時代には第一次世界大戦を背景に、国内では景気も大幅によくなりました。しかし、大戦が終結すると、ヨーロッパの各国は持ち前の生産力を回復させたため、日本の景気にも陰りが見えはじめ、一九二〇年には反動的な恐慌《きょうこう》に陥りました。

さらに一九二三年の関東大震災によって、京浜地区の金融機関も打撃を受けたため、経済界は大きく混乱しました。それに追い打ちをかけたのが、一九二九年にアメリカではじまった世界恐慌◆1です。それが日本にも及んだため、アメリカ向けの生糸の輸出が激減するなど深刻な不況を招きました。

都市では企業の倒産が相次ぎ、失業者も増大するなか、労働運動が激しくなり、農村でも小作争議が頻発しました。特に東北地方で

英語では？
◆1 世界恐慌（せかいきょうこう）
The Great Depression, world economic crisis

は、失業者が帰農したうえ大凶作もあって食糧難が深刻となり、婦女子の身売《みう》りや欠食児童《けっしょくじどう》が出るありさまでした。

立憲民政党《りっけんみんせいとう》を与党とした浜口《はまぐち》雄幸《おさち》内閣は、一九三〇年に軍備縮小のためのロンドン海軍軍縮条約に調印しました。国内ではこれに反対する気運も強く、浜口は東京駅で右翼[●1]の青年に襲撃されて重傷を負い、病状の悪化によって死亡しました。一九三二年には犬養毅首相が海軍の青年将校によって殺害される事件もおこりました。これを五《ご》・一五《いちご》事件といいます。

大正時代に高まったデモクラシーの風潮は衰退し、民主主義や自由主義を認めない全体主義的な風潮が高まりはじめました。これをファシズムといいます。ファシズムは学問・研究の分野まで脅かしはじめ、学者の著書や論文までもが弾圧の対象となりました。一九三六年には二《に》・二六《にろく》事件で政界の要人が殺害され、軍部の政治発言力が一層強まっていきました。

用語解説

●1 右翼(うよく)
極端に保守的・国粋主義的な立場や考え方、行動をとる勢力。または、特定の人物や団体を指す場合もある。

❖昭和時代❷～日中戦争から太平洋戦争へ突入

海外では、一九三一年に関東軍《かんとうぐん》が満州事変●2を引き起こし、一九三七年には日中両国軍の武力衝突から日中戦争《にっちゅうせんそう》に発展しました。

日中戦争がはじまると、政府は一九三八年に国家総動員法《こっかそうどういんほう》を制定して戦時体制を固め、一九四〇年にはすべての政党を解散させて大政翼賛会を発足させました。戦争が長期化すると、「ぜいたくは敵《てき》だ」をスローガンとし、国民には徹底した生活の切り詰めを求め、経済のみならず思想や文化にも厳しい統制を加えたのです。

日中戦争がつづいているなか、一九三九年にドイツのポーランド進撃によって第二次世界大戦がはじまりました。政府ははじめ戦争に介入しない方針をとりつづけました。しかし、軍需産業に必要な資材はどうしても輸入に頼らざるを得ない状況におかれていたため、軍需物資の入手は容易ではありませんでした。

また、日中戦争の目的が「東亜新秩序《とうあしんちつじょ》」の建設にあるとした日本に対し、アメリカは自国に対する挑戦とみなしたために日米関係は

用語解説
●2 満州事変（まんしゅうじへん）
南満州鉄道の線路爆破事件をきっかけとした中国への武力侵攻。爆破を起こしたのは関東軍だったが、中国軍隊の行為だと主張した。

しだいに険悪になりました。そんななか、日本はフランス領インドシナに軍を進めて天然資源を確保しようとしましたが、日本がドイツやイタリアと軍事同盟を結んだことでアメリカは態度を硬化《こうか》させ、日本に石油の輸出を禁止するなど、経済封鎖を強めました。

南方進出を図る一方で、日本はソ連と日ソ中立条約を結び、北からの脅威《きょうい》を抑えました。しかし軍部は、この難局を乗り切るためにはもはや戦争しかないという考えを主張し続けます。日米間で続けられてきた交渉も成立が絶望視されるなか、一九四一年一一月一日、日本はアメリカ・イギリス・オランダとの戦争を決定しました。日本の南進策に対して、アメリカ・イギリス・中国・オランダはABCD包囲網などで日本に対して経済封鎖を強めていたため、イギリス・オランダも対戦国となったのです。

そして一九四一年一二月八日、日本軍はマレー半島に上陸、およびハワイ真珠湾《しんじゅわん》を奇襲《きしゅう》攻撃し、アメリカ・イギリスに宣戦布告して太平洋戦争がはじまりました。この時の内閣総理大臣は東条英機《とうじょうひでき》で

用語解説

●1 ミッドウェー海戦

日本軍が壊滅的な大打撃を受けたアメリカ軍との海戦。連合艦隊の主力空母と航空機、搭乗員の多くを失い、戦局が大きく変わった。

した。当時、アメリカ・イギリス・ソ連などは連合国、日本はドイツ・イタリアとともに枢軸国《すうじくこく》と呼ばれました。

昭和時代❸〜ポツダム宣言の受諾で終戦

戦局は、はじめは日本軍が優勢で、国民も戦勝にわきたちましたが、一九四二年のミッドウェー海戦●1をきっかけにアメリカ軍の反攻に転じました。日本の占領地がことごとく陥落《かんらく》するなか、戦争を続けるための物資や食糧も不足しはじめました。

一九四四年からは日本本土への空襲も激しくなります。一九四五年三月にはB29爆撃機による東京大空襲●2がおこり、焼夷弾《しょういだん》での無差別爆撃によって多くの人々が死傷しました。その後も名古屋・大阪・神戸など都市部への空襲が続きました。四月になると、沖縄本島にアメリカ軍が上陸し、激戦の末に多くの犠牲者《ぎせいしゃ》を出し、日本の敗戦はもはや時間の問題とされました。沖縄は、太平洋戦争において最大規模の地上戦が行われたところです。

用語解説

●2 東京大空襲（とうきょうだいくうしゅう）
3月10日未明、アメリカ軍の戦闘機「B29」約300機が、江東区などの下町を中心に空襲。夜間爆撃だったため死者は約10万人を数えた。

ヨーロッパでは、枢軸国のうちまずイタリアが一九四三年に降伏し、一九四五年五月にはドイツも無条件降伏しました。連合国は一九四五年七月、日本を無条件降伏させるためにポツダム宣言を発表しました。そして八月六日に広島、八月九日に長崎に原爆が落とされ、多くの死傷者を出すことになったのです。この間、ソ連も日ソ中立条約を無視して日本に宣戦しました。

ついに八月一四日、日本はポツダム宣言を受け入れ、翌日、天皇がラジオで「終戦の詔《みことのり》」を放送して国民に敗戦を伝えたのです。そして九月二日、アメリカ軍艦ミズーリ号の上で行われた降伏文書への署名によって、太平洋戦争は終わりました。

❖昭和時代❹～GHQ主導ですすむ戦後の民主化

戦後、日本の領土は、ポツダム宣言にもとづいて北海道・本州・四国・九州と周辺の小さな島々に限定されました。日本は、占領というはじめての経験をすることになったのです。その後、GHQ[●1]の

用語解説

●1 GHQ
General Headquarters of the Supreme Commander for Allied Powersの略。日本占領のために連合国が設置した最高司令官総司令部。

指令によって、日本の非軍事化と民主化を促すためのさまざまな政策がすすめられ、軍隊も解体しました。

最高司令官のマッカーサーは一九四五年、幣原喜重郎《しではらきじゅうろう》内閣に対して五つの改革を指令します。それにもとづいて、軍国主義の温床とみなされた財閥と寄生地主制を解体させるために、財閥解体や農地改革が進められました。また激しいインフレーションがおこったため、政府は新円への切り替えや預金の引き出し額を制限することによってインフレを抑えようとしました。

一九四六年一月一日、天皇はいわゆる人間宣言を出して、みずから神性を否定しました。

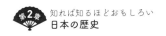

また、戦争に協力した軍人や政治家は公職から追放され、戦争を指導した人々はA級戦犯《せんぱん》容疑者として起訴され、東京で極東国際軍事裁判にかけられました。その結果、東条英機ら七名が絞首刑《こうしゅけい》に、他は禁固刑《きんこけい》となりました。

制度改革も進められ、一九四五年には五年ぶりに政党が復活し、衆議院議員選挙法が改正されて満二〇歳以上の男女に平等に選挙権が与えられました。それにもとづいて一九四六年に総選挙が行われた結果、女性の代議士も誕生するなど、日本は確実に民主国家への道を歩み出したのです。

労働組合法によって労働者の団結権や争議権などが保障され、労働基準法によって労働時間は八時間と定められました。さらに労働組合の全国組織が生まれたことを背景に労働運動も活発になりましたが、一九四七年二月一日を期して計画されていた官公庁労働者によるゼネラルストライキは、前日にＧＨＱの指令で中止されました。一九五〇年には、ＧＨＱの支援を受けて日本労働組合総評議会、略して総評《そうひょう》が結成され、その下に多くの労働組合が集結しました。

軍国主義的な教員が追放されるなど、教育の民主化もすすみました。一九四七年にはアメリカの教育使節団の勧告にもとづいて、民主教育を支える教育基本法と学校教育法が制定され、義務教育が九年制となりました。これによって、それまでの教育勅語《きょういくちょくご》は一九四八年の国会で失効《しっこう》しました。

❖昭和時代⑤～民主的で新しい日本国憲法

新憲法の制定において、政府はGHQの改正案に少し手を加え、それを政府原案として発表しました。そして、大日本帝国憲法の改正という形で手続きがすすめられ、貴族院と衆議院で可決されたのち、一九四六年一一月三日、吉田茂[●1]内閣の時に日本国憲法が公布されました。

主権在民・基本的人権の尊重・平和主義を三大骨子とする新憲法は、一九四七年五月三日から施行され、それにともなって民主化を支えるさまざまな法律が生まれました。

民法や刑法も新しく制定されました。男女平等を基本とする新民法によって、それまでの「家」制度が解体され、新刑法では大逆罪《たいぎゃくざい》や不敬罪《ふけいざい》などが廃止されました。また地方自治法によって、地方自治体の首長は住民の直接選挙で選ぶことになり、それまで地方制度

用語解説

●1 吉田茂（よしだしげる）

戦前は外交官として活躍。戦後、1946年の1次内閣から延べ7年間政権をにぎり、アメリカとの協調政策を堅持。日本の独立を回復。

を支配してきた内務省も解体されました。

❖昭和時代❻～戦後の世界と日本の動き

第二次世界大戦後の世界は、アメリカを中心とする自由主義陣営◆1とソ連を中心とする社会主義陣営◆2に分かれ、新たな勢力争いの様相《ようそう》を呈《てい》しました。アメリカを中心とする勢力を西側陣営、ソ連を中心とする勢力を東側陣営といい、両者は戦争をおこすまでには至らない対立状態になっていったのです。これを冷戦《れいせん》といいます。

ヨーロッパでは、ドイツが東西に分断され、東アジアでは、一九四八年に朝鮮半島に朝鮮民主主義人民共和国（＝北朝鮮）と大韓民国（＝韓国）という二つの国が生まれました。

第二次世界大戦後の中国では、国民党と共産党が再び内戦状態となり、共産党の力が強まってきました。するとアメリカは、日本占領の初期目標は達成したとして、それまでの対日政策を転換します。日本を工業国として自立させようと、日本経済の復興に力を入れる

英語では？

◆1 自由主義（じゆうしゅぎ）
liberalism

◆2 社会主義（しゃかいしゅぎ）
socialism

ようになりました。

一九四八年、GHQは日本経済の自立を促すために経済安定九原則を示し、それを実践させるために翌年ドッジを日本に派遣しました。その一連の改革をドッジ＝ラインといいます。そして赤字をまったく許さない予算を作らせるなどの改革を進めた結果、戦後のインフレーション（物価が上昇し、貨幣価値が下がる）は収まりましたが、一転してデフレーション（物価が下落し、景気が後退する）を引きおこし、不況によって失業者も増大しました。

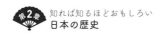

一九四九年、中国では共産党が勝利して、中華人民共和国が成立します。アメリカは日本を西側陣営の一員に組み込むため、第二次世界大戦の講和を急ぐようになりました。その結果、一九五一年、全権吉田茂らのもとでサンフランシスコ平和条約が結ばれ、同時に日本とアメリカとの間で日米安全保障条約も結ばれました。

しかしサンフランシスコでの会議には、戦争に加わったすべての国が参加したわけではありません。また会議に参加しても、ソ連など平和条約に調印しない国もありました。そのため日本は、そうした国々とは、のちのち個別に平和条約を結ぶことになりました。

❖昭和時代❼〜自民党と社会党の二大政党時代

この間、一九五〇年に朝鮮戦争がおこり、日本経済はアメリカ軍の特別需要によって「特需景気《とくじゅけいき》」と呼ばれる好況に転じ、ドッジ＝ライン後の不況を克服しました。また、朝鮮戦争に際して動員された在日アメリカ軍の軍事的な空白を埋めるために警察予備隊《けいさつよびたい》が創設され、保安隊を経て一九五四年に自衛隊◆1に発展しました。

国内では、公職追放が解除されたことによって有力な政治家が政界に復帰し、吉田政権に対する批判を強めました。また、野党などの革新勢力も、吉田政権による復古的な政策を「逆コース」と批判しました。結局、一九五四年に吉田内閣は倒れ、鳩山一郎を首班とする内閣が成立しました。

英語では？
◆1 自衛隊（じえいたい）
Self Defense Forces

鳩山内閣は憲法改正を唱え、それを支持する保守勢力が勢いを増していました。日本社会党は当時、左派と右派に分かれていましたが、これを阻止するため一九五五年に統一しました。一方の保守政党も自由党と日本民主党が合同し、自由民主党が生まれました。

ここから日本の政治は、保守の自民党と革新の社会党という二大政党の時代に入り、自民党が単独で長期にわたって政権を担うようになりました。これを五五年体制といいます。

世界情勢は、一九五五年ごろから東西の緊張が緩《ゆる》みはじめ、ソ連との国交回復を求める気運が高まりました。その結果、一九五六年に日ソ共同宣言が結ばれ、日本は国際連合加盟が認められたことによって二三年ぶりに国際社会への復帰を果たしました。

一九五〇年代には、設備投資や技術革新などによって日本経済は大きく成長し、一九五五年以降は神武《じんむ》景気・岩戸《いわと》景気・いざなぎ景気と大型景気[●1]が次々に到来しました。こうしたなかで建設された三三三メートルの東京タワーは、まさに戦後の高度成長を象徴する建

用語解説

●1 大型景気(神武景気・岩戸景気・いざなぎ景気)
それぞれ『古事記』の神話から名前をとった、長期の好景気の俗称。神武は1955年〜、岩戸は1958年〜、いざなぎは1965年〜。

物となりました。当時の光景は映画『ＡＬＷＡＹＳ 三丁目の夕日』の中にも生き生きと描かれています。

❖昭和時代❽〜高度経済成長で経済大国へ

一九六〇年に成立した池田勇人《いけだはやと》内閣は、「所得倍増《しょとくばいぞう》」を唱えて高度経済成長政策を進めます。ＯＥＣＤ（＝経済協力開発機構）への加盟などによって日本は国際経済との結びつきを強め、高度成長の中で経済大国への道を歩みはじめました。

高度成長期には日本的な経営形態が定着しました。それは、終身[●1]雇用制と年功序列賃金《ねんこうじょれつちんぎん》、労使協調主義にもとづく雇用形態です。この時期、労働者は総評の指導のもとに春闘《しゅんとう》と呼ばれる賃上げを求める統一行動をとるようになる一方、アメリカの影響を受けた生産性向上運動もすすみ、労働者の賃金も上昇を続けました。

東海道新幹線が東京と新大阪間で営業運転をはじめ、東京オリンピックが開かれたのは一九六四年、まさにこの時代だったのです。

用語解説

●1 終身雇用制（しゅうしんこようせい）
高度経済成長期に定着した日本独自の雇用形態。雇用開始から定年退職するまで、雇用関係が継続する。

一九六五年、佐藤栄作《さとうえいさく》内閣の時に日韓基本条約を結び、韓国を朝鮮にある唯一の合法的な政府として認めました。

敗戦で連合国側に施政権が移った領土は、一九五三年に奄美《あまみ》諸島が、一九六八年には小笠原諸島が返還され、一九七二年には沖縄返還も実現しました。しかし沖縄には多くの基地が残されたので、基地の移設などさまざまな課題を残すことになりました。

一九七二年には田中角栄《たなかかくえい》首相が中国を訪れ、日中共同声明によって中国との国交正常化が実現しました。そして一九七八年、日中平和友好条約も結ばれました。

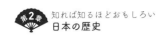

❖昭和・平成時代❶～デフレスパイラルで不況は続く

一九八〇年代になると、半導体やコンピュータ関係を中心とする輸出が増大し、日本の貿易黒字が拡大しました。しかし、アメリカが日本に対して農産物の輸入を自由化し、自動車などの輸出を自主的に規制するよう求めるなど、日本と諸外国との間で貿易摩擦が生じるようになりました。

国内では一九八〇年代後半からバブル経済[1]と呼ばれる好景気が続きました。しかし、一九九〇年代初頭にバブルがはじけて以降、物価の下落と企業収益の悪化がくり返され、どんどん悪くなるデフレスパイラルと呼ばれる不況に陥り、企業の倒産があいつぎ、失業者が増大するなど、経済界は深刻な状況におかれました。

一九九三年、細川護熙《ほそかわもりひろ》を中心とする連立政権が成立しました。自民党以外の政党などが手を組んだ連立内閣でしたが、それによって一九五五年以来続いてきた自民党一党支配による五五年体制が崩れました。その後、政党の離合集散が繰り返され、二〇〇九年には民主党による新しい政権が発足しましたが、二〇一二年の総選挙で再び政権が交代し、公明党と連立した自民党の第二次安倍晋三《あべしんぞう》内閣が生まれました。

用語解説
●1 バブル経済
株価や地価が適正価格を上回り、異常に高騰してふくらんだ経済。実態とかけ離れていることや突然終わることから「バブル（泡）」で表現される。

\ Culture & History /

もっと 知りたい日本！

日本の国旗と国歌はいつごろできた？

日本の国旗と国歌は、一九九九年に定められた法律で「国旗は日章旗《にっしょうき》、国歌は君が代とする」ことが決まりました。

国旗は「日の丸」とも呼ばれ、図柄は、白地の中央に太陽を示す赤色の円を配したものです。「日出《ひい》づる処《ところ》」という国号の由来にも合致したデザインです。また幕末の開港以来、日本のすべての船に「日の丸」の旗を備えることで、国際的な意識も高まりました。

国歌の「君が代」のもともとの歌詞は、『古今和歌集《こきんわかしゅう》』の巻七に、収められています。明治時代にメロディーがつけられ、学校行事などで歌われてきました。

❖昭和・平成時代❷～合理的・個人主義の考え方へ

昭和の戦前から戦後、さらに現代にかけては、「日本人らしさ」が大きく変質しました。

太平洋戦争の時には「鬼畜米英《きちくべいえい》」という言葉が示すように、英語は敵性語《てきせいご》として禁止されました。野球でも「ストライク」を「よし！」と言い換えたように、それはスポーツ用語にも及びました。

敗戦後、文化国家への道を歩みはじめた日本に、アメリカ文化が急激にかつ大量に入りました。イギリスのバンドですが、アメリカで大ブームをおこしたビートルズの来日が一つの起爆剤となったのです。アメリカナイズという言葉の通り、その影響は衣・食・住をはじめ、音楽などの娯楽分野や農業・工業技術など、社会生活全般に及ぶようになりました。日本人は、映画で観るアメリカ人の生活にあこがれる一方で、ものの考え方が合理的となり、良くも悪くも個人主義が広まりはじめました。

戦後になると、婚姻のあり方もずいぶん変わりました。日本国憲法の二十四条で「婚姻は両性の合意のみに基《もとづ》いて成立」すると定められ、女性も自分の意志で結婚相手を決められるようになりました。

また、「お見合い」◆1結婚に対して恋愛結婚が増え、今日では成婚者の約九割が恋愛結婚といわれています。結婚式の挙げ方も、教会で行うキリスト教式や神前《しんぜん》結婚式、仏前《ぶつぜん》結婚式のほかに、人前《じんぜん》結婚式や会費制のパーティーなど多様になりました。

ところで日本では、式場の看板に「○○家、○○家ご両家結婚披露宴会場」と書かれていることがよくあります。これは慣習とはいえ、結婚というものが「家」と「家」との結合という考え方で行われてきたことを示す名残でもあります。

❖昭和・平成時代❸〜もう一度、日本を見つめ直そう

日本はアメリカと比べて五〇年遅れているといわれましたが、高度経済成長期を経て、今や世界屈指の経済大国へと成長しました。しかも技術の進展はそれでも止まることを知りません。

英語では？

◆1 お見合い
formal meeting with a view to marriage

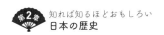

一九八六年から日本はバブル経済を謳歌しました。しかし九〇年代初頭にバブルが弾けると、企業は経営の効率化を図るために人員削減などでスリム化を図りました。そのしわよせはたちまち労働者に及び、リストラ[1]や失業など多くの雇用問題を生み落としました。

現在では、東京スカイツリーが首都東京を代表する顔となりました。ツリーの所在地は隅田川以東なので、厳密にはかつて下総《しもうさ》国と呼ばれた場所にありますが、東京地方は昔、武蔵《むさし》国と呼ばれていたので、語呂合わせから六三四メートルの高さとなりました。そして二〇一三年に東京タワーから電波塔としての役割を引き継ぎ、技術立国としての威容を世界に示しました。

高度成長時代以降、機械に支配されはじめた社会の中で進行したのは人間の無機質化です。それに対して警鐘《けいしょう》を鳴らす人々も多く現れました。また、日本の原風景に対する憧憬《しょうけい》の念や原体験に対する追憶の念も芽生えはじめ、定年後には都会を離れて田舎《いなか》暮らしを求める人々も増えてきました。それは、高齢化社会の中で、人々の原

用語解説

●1 リストラ

リストラクチュアリング（再構築）の略。企業が事業構造の転換を目指すこと。近年は、社員を解雇する意味に転じる。

東京の新旧シンボルタワー

日本復興のシンボルだった東京タワーは2012年その役目を終えた。

新しい電波塔として、また観光地として新名所となった東京スカイツリー。
©skyearth / Shutterstock.com

点への回帰志向を示す指標でもあるのです。

そして経験した二〇一一年の東日本大震災——。それによって多くの人々が、「日本という国」「人間らしさ」「日本人らしさ」について改めて問い直す機会を与えられたのです。

第3章

今の日本が抱える国際社会との問題

これからの日本が諸外国とどのように向き合うのかは、外交政策で大きく異なってきます。政治・外交の基本は「国益をいかに守り、いかに上げるか」にあるので、日米・日中・日韓・日朝関係はもちろん、尖閣諸島問題や竹島問題、北方領土問題の解決には、少しのひるみも許されません。

ここでは、現代日本が直面している主な経済・外交問題を、おおまかにとらえておきます。

経済・貿易問題～デフレからの脱出法は？

❖リーマン＝ショックと世界同時不況

アメリカでは二〇〇七年、住宅バブルがはじけたため、高利で住宅ローンを組んだ人がローンを返せなくなるという状況がうまれました。このサブプライムローン[●1]（＝低所得者向け住宅ローン）問題を引き金に、大手の投資銀行であるリーマンブラザースが事実上破綻しました。これをきっかけに、世界各国の経済・金融不安が高まり、世界同時不況を引きおこしたのです。

金融危機はヨーロッパのユーロ圏にも及んだうえ、ギリシアの財政危機の一因ともなり、日本にも大きな影響を及ぼしました。これをリーマン＝ショックと呼んでいます。ドルやユーロの価値が下落したため、相対的に円の価値が上がりました（＝円高《えんだか》）。

アメリカの景気は、二〇〇九年ごろからしだいに回復の兆しを見

用語解説

●1 サブプライム

融資先として優良顧客をプライム層といい、サブプライム層は信用力が低い顧客であり、イコール低所得者とされている。

せはじめたのですが、雇用問題や住宅問題など解決すべき問題が山積みとなっています。リーマン＝ショックを機に日本でも非正規労働者●2が増加する一方、生活保護受給者もその数を増しました。

❖円高は日本人の生活にどう影響する？

世界的な経済の先行きは、依然として不透明感を漂《ただよ》わせています。振り返れば、国内では一九九一年にバブルが崩壊したのち、デフレーションが長期化し、「失われた二〇年」などと言われる経済の混迷が続いています。そのため今の日本にとっては、長期化している円高・デフレからの脱却が急務となっています。

円高とは他国の通貨に対して円の価値が高い状態をいいます。たとえば、日本がアメリカと取り引きしているとしましょう。今まで一ドル＝二〇〇円という交換比率のもとで売り買いされてきたものが、今日一ドル＝一〇〇円になったとします。

日本の輸入業者が、一ドルのアメリカ商品一個を買うのに二〇〇

用語解説
●2 非正規労働者（ひせいきろうどうしゃ）
正規雇用の形態で就労していない労働者。嘱託社員、期間従業員、パートタイム労働者、臨時雇用者、派遣労働者、請負労働者など。

円払っていたのが一〇〇円で済むようになったのです。一ドルの商品が半分の一〇〇円で買えるということは、ドルの価値が下がった、つまりドル安になったということです。ですから同じ二〇〇円の予算があれば同じ商品を二個買えるので、日本の輸入業者は外国商品を輸入しやすくなります。

アメリカの立場で考えてみましょう。アメリカの輸入業者は今まで一個二〇〇円の日本商品を一ドルで買っていた。それが一ドル＝一〇〇円となったのだから、二〇〇円の商品を買うためには二ドル必要となります。ですから、アメリカから見れば円の価値が二倍になった、つまり円高になったということです。別の言い方をすれば、一ドルが二〇〇円の価値をもっていたのが一〇〇円の価値しかもたなくなったのだから、ドルの価値が半分になった、つまりドル安になったというわけです。

円高・ドル安の場合、アメリカの輸入業者は輸入しづらくなります。このように、円高の場合はドル安、反対に円安《えんやす》の場合はドル高となります。したがって、日本においては円高の場合は輸入業者に有利にはたらき、円安の場合は輸出業者が有利となります。

円高の場合は、日本が輸入した外国商品の価格は安くなります。また銀行では、それまでは二〇〇円で一ドルと交換していたのが、二〇〇円で二ドルの紙幣と交換できるので、海外旅行に出かける人も多くなります。たとえば、一〇〇ドル＝二万円もしていた「欲しかったあの商品」が、現地では一万円で買えるのですから、同じ予算で多くの買い物ができます。ユーロの場合も同じです。円高の場合はユーロ安、円安の場合はユーロ高となります。

一方で円高の場合、輸出業者はたいへんです。それまで二〇〇円の商品を一ドルで売っていたのが、二ドルで売らざるを得なくなるので、輸出しづらくなります。売った商品はアメリカでは割高になりますから買う人も少なくなります。

そうすると、日本では輸出量が全体的に落ち込むので外貨を獲得しにくく、つまり輸出業者は儲《もう》けが少なくなります。輸出関連産業全体が落ち込むと、たとえば自動車部品の製造業、自動車メーカーなどが打撃を受け、日本の景気全体に悪影響を及ぼすのです。

❖価格と物価、需要と供給

前項にデフレーション、デフレという言葉が出てきましたが、その説明をする前に、価格と物価について整理します。

価格とは、個々の商品の価値を貨幣の額であらわしたもので、需要《じゅよう》と供給《きょうきゅう》の関係に応じて、市場《しじょう》において価格が決まります。よく正月にテレビで「築地市場で本マグロに〇万円の値がついた」というニュースが流れますが、これが価格決定の瞬間なのです。

一方、物価とは、いろんな商品の価格を平均化したものです。世の中に流れている商品の価格が、全体的に上がっているのか下がっているのか、その変動は物価指数《ぶっかしすう》という尺度で示されます。卸売《おろしうり》物価指数とか、消費者物価指数という言葉を聞いたことがあるでしょう。消費者物価指数が高いと消費生活は厳しくなります。

需要とは買い手、供給とは売り手という言葉に置き換えてもいいでしょう。市場で決まった価格が上がれば、供給（売り手）は増えるが需要（買い手）は減ります。反対に、価格が下がれば需要は増えるが供給は減ります。そうした動きの中で、需要と供給のバランスが取れたところで価格が落ち着くというわけです。

❖デフレーションとはどういう意味？

前項で説明したように、物価＝いろんな商品の価格を平均化した指数がずっと下落している状態をデフレーションといいます。多くの商品が出回っているにもかかわらず、通貨量が少ないためにおこる現象で、不況や景気が後退しているときに見られます。

不況だと消費者は財布の紐がきつくなっているので、なかなかモノが売れません。商品を生産する会社側から見れば、せっかく作っても売れ残りが多くなるので、生産量を抑えます。売れる数が少なくなればその会社は儲けが少なくなるので、社員の給料も減らさざるを得ません。なかには会社を維持できず、倒産する会社も出てきます。倒産する会社が増えれば、失業者も多くなります。なんとか持ちこたえた会社でも、社員は少ない給料で生活せざるを得ませんから、生活するうえで無駄な出費は抑えるようになります。

したがってますます商品は売れなくなり、市場に流れる通貨の量が減り、その結果、貨幣の価値は高くなります。生産者から見れば、商品を買ってもらうためには価格をどんどん下げなければなりません。このように、物価が下落して、貨幣価値が上昇する状態をデフレーションと呼んでいます。

デフレーションは、政府による金融引き締め政策や、道路建設のような公共事業などへの支出を抑えることによってでも引きおこされます。金融引き締めとは、たとえば金利（＝公定歩合[●1]）を上げることです。銀行から一〇〇〇円借りたときに今まで五〇円だった金利が五〇〇円に引き上げられたら、誰も借りなくなります。このように融資が滞ると、市場に流れるお金の量も少なくなるため貨幣価値

用語解説

●1 公定歩合（こうていぶあい）

国の中央銀行（日本では日本銀行）が決める金利のこと。金融機関に貸し出しを行う際に適用される。

が上がり、デフレーションに陥るのです。

デフレーションから脱却するために一般にとられる対策といえば、金融緩和と公共事業対策に重点をおいて景気を良くする政策です。

金利を下げて銀行からお金を借りやすい環境を作ることで景気を刺激し、公共事業にもたくさんお金を出せば、お金の流通がよくなり、雇用も生まれます。円安は輸出業者に有利にはたらきますから、輸出産業の売り上げの増加が見込まれます。そのため輸出関連企業の株に買い注文が殺到するようになるため株価は上昇し、景気を刺激する効果があるのです。

❖ インフレーションとはどういうこと？

ニュースなどで赤字[◆1]国債[◆2]という言葉を聞いたことがあるでしょう。

これは「赤字財政を建てなおす＝赤字を埋める」という名目で、国が財政特例法にもとづいて証書を発行し、財源確保のために資金を調達する方法です。その証書を買うのは日本銀行です。

英語では？

◆1 赤字国債（あかじこくさい）
deficit-covering bond

◆2 国債（こくさい）
national debt / loan

「日銀引き受け」という言葉を使いますが、政府が赤字国債を発行すれば、日本銀行はそれを強制的に買わざるを得ませんから、それに見合った分だけのお札を刷ります。すると市場◆1に出回る通貨の量は自然に増えて金回りはよくなりますが、お金の価値そのものは下がります。

商品の量に対して通貨の量が増えれば、お金（＝円）の価値が下がる、つまり円安になるわけです。貨幣価値が下がれば、生産者は少しでも利益を上げるために商品の価格を上げるので物価指数が上がり、物価が長期間上昇し続けることになります。この状態がインフレーションで、デフレーションの反対の現象がおこるのです。

では、デフレーションが悪くてインフレーションがいいのかといえば、決してそんなことはありません。

インフレーションは通貨量の増大だけではなく、需要量が供給量より多い場合にもおこります。少ない商品に対して多くの人が買い求めれば、買ってくれる人がいる限り、売り手はより高い値段をつ

英語では?

◆1 市場（しじょう）
market

けますから価格はどんどん上がります。

また円安の場合、輸入業者は海外からの商品を高い値段で買い取らざるを得ませんから、それを国内で販売する場合には、輸入商品の価格は上がります。そのうえ、貨幣価値の下落は、賃金の実質的価値の下落をもたらしますから、物価の上昇に見合うだけの賃金上昇がなければ、それなりに消費生活は圧迫されるのです。

インフレーションの場合、日本銀行は金利を高く設定して貸付を抑えて景気を抑制・調整し、物価を鎮静化《ちんせいか》させようとします。

ところで、これまで述べたことはいわば理屈です。理論的にはこのように説明できるというだけで、実際には必ずしもいつも公式どおりにいくとは限りません。スタグフレーションといって、不況が収まっていないのにインフレーションが続く、物価だけが上昇する現象もあります。よく「今の経済は先行き不透明だ」といわれますが当たり前のことで、経済が透明な時代などはありえないのです。

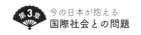

❖ドル売り・円買いとは？

需要が多いものは、価値があるとみなされて、その価格は上がります。反対に供給が多い場合、その商品の価格は下がります。需要と供給のバランスです。

さて、貿易の場合、円安の時には、輸出業者は外国に多くの商品を売って多くのドルを手にすることになります。日本の通貨はドルではなく円ですから、手に入れたドルを円に替えなければなりません。

通貨の売り買いは外国為替市場[◆1]で行われます。外国為替市場といっても、青果市場のような特定の建物はありません。電話やコンピュータを使って通貨の売買を行う取引全体のことを、「市場」と呼んでいます。

輸出業者は外国為替市場という取引環境を利用して、ドルを円に替えます。つまり外国為替市場で、ドルを売って円を買う格好になるわけです。これをドル売り・円買いと呼んでいます。

英語では？

◆1 外国為替市場（がいこくかわせしじょう）
foreign exchange market

多くの輸出業者が多くのドルを円に替えれば、ドルの量が市場に増えるため、ドルの価値はだんだん下がっていきます。つまりドル安になり、相対的に円の価値が上がって円高になります。だから外国為替市場でドル売り・円買いがすすむと、ドル安・円高となり、今度は日本の輸入業者が有利となります。

反対に、円高の場合、輸入業者は外国の商品をたくさん買うために、今まで以上に多くのドルを準備しないといけません。輸入業者は外国為替市場で手持ちの円を売ってドルに替えることになりますから、円売り・ドル買いがすすみます。この場合はドルの需要が多くなるため、ドル高・円安がすすみます。

円高の場合は日本にとって輸出が不利にはなりますが、自動車・家電などの主力な輸出産業は国際競争力があるために、なんとかもちこたえているのが現状なのです。

領土をめぐる諸問題

❖どんな対立があるのか？

現代の日本は、大きく分けて三つの地域で領有権をめぐる問題を抱えています。それぞれの国がさまざまな理由や論拠を設けて自国領であることを主張しているのですが、簡単には解決できそうもありません。アウトラインだけをまとめておきましょう。

ロシアとの間には、いわゆる北方四島（択捉《えとろふ》・国後《くなしり》・色丹《しこたん》・歯舞《はぼまい》諸島）をめぐる問題が横たわっています。江戸時代末期の一八五四年に日本はロシアと日露和親条約を結び、国後島と択捉島間を日露国境と定めました。国後島以南を日本領、択捉島以北をロシア領とし、樺太《からふと》（サハリン）については境界を決めず、日本・ロシア両国人雑居の地としたのです。

ところが当時の政府は北海道の開拓に精一杯だったために、樺太

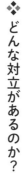

の経営まで軍事的にも経済的にも十分に力が及ばない、手が回らないという理由で、日本は一八七五年に樺太・千島交換条約を結んで、占守島以南の千島列島を日本領、樺太（サハリン）をロシア領とし、日本が樺太に持っていた一切の権利をロシアに譲ることとしました。

一九〇五年、日露戦争後に結ばれたポーツマス条約で、日本は北緯五〇度以南の南樺太を領有します。領有関係について、ここまでは大きな波風が立つこともなく、穏便に推移していました。

領土問題が火を噴くきっかけとなったのは一九四五年のヤルタ密約[1]でした。この密約でソ連が対日参戦する条件として南樺太と千島列島のソ連への引き渡しを要求し、これに米英が応じたことがそもその始まりでした。第二次世界大戦後、一九五一年のサンフランシスコ平和条約によって、日本は千島列島を放棄しましたが、その後もごたごたは続きます。

一九五六年、鳩山一郎《はとやまいちろう》内閣の時に出された日ソ共同宣言では、色丹・歯舞諸島は平和条約調印後に「引き渡す」としたものの、肝心

用語解説

●1 ヤルタ密約

国際連合の設立などについて協議された連合国首脳会談「ヤルタ会談」において、米ソ英間で交わされた日本についての秘密協定（ヤルタ協定）

の平和条約は令和時代に入った今でもまだ調印されていません。

その後も日露間で何度も首脳会談がもたれてはいるものの、解決に至るはっきりした糸口が見えているわけではないのです。

また沖縄県に所在する尖閣《せんかく》諸島についても、台湾や中国が関与する形で領有権問題に発展しました。島根県沖の日本海に浮かぶ竹島をめぐっても、韓国との間で意見が対立したままです。

平成時代の諸相

❖国内外に吹いた新風とは？

二〇一二年の年の瀬ギリギリに、安倍《あべ》晋三《しんぞう》首相が二度目の内閣を組織しました。バブル崩壊からずっと続いてきた「出口の見えないデフレーション」からの脱却を政治目標の一つとし、金融政策・財政政策・成長戦略の三本の矢から成る「アベノミクス」という独自のスローガンを掲げました。「〜ミクス」という言葉は、その後も一時期、流行語となりました。

安倍内閣はその後、二〇二〇年九月に菅義偉《すがよしひで》内閣に代わるまで長期政権を維持し、首相としての連続在職日数・通算在職日数ともに憲政史上最長を記録しました。その間、二〇一四年には消費税を五パーセントから八パーセントに変更し、翌年には公職選挙法を改正して選挙年齢を一八歳に引き下げました。これは七〇年ぶりの改正で、さっそく二〇一六年夏の参議院議員選挙から実施されました。

二〇一六年、国内では安全保障関連法が施行され、これによって集団的自衛権の行使が認められ、他国軍への後方支援を拡大させることが可能になりました。G7●1の伊勢志摩サミットが開かれ、アメリカのオバマ大統領はサミット出席後に現職大統領として初めて広島を訪問し、慰霊碑に献花しました。この年の秋、アメリカでは民主党のオバマ大統領にかわって共和党のトランプが大統領に就任しました。世界情勢はこのころから大きな変転を見せ始めます。

用語解説
●1 G7サミット
Group of Seven（グループ・オブ・セブン）の略で、フランス、アメリカ、イギリス、ドイツ、日本、イタリア、カナダの7か国の首脳ならびに欧州連合（EU）の代表が参加して開催される首脳会議。

二〇一七年、アメリカはＴＰＰから正式に離脱しました。二〇一八年には韓国の文在寅《ムン・ジェイン》大統領と北朝鮮の金正恩《キム・ジョンウン》朝鮮労働党委員長との間で南北首脳会談が開かれ、朝鮮半島を非核化することなどが「板門店宣言」に盛り込まれました。

またトランプ大統領と金正恩朝鮮労働党委員長との間で史上初の米朝会談がシンガポールで開かれたほか、翌年にはそれまで米ソ間で締結していたＩＮＦ全廃条約[1]の破棄をアメリカがロシアに通告するなど、軍事的にも経済的にも世界の雲行きはだんだんと怪しくなっていきました。ＩＮＦ全廃条約破棄、つまり中距離核戦力全廃の約束を反故にしたということは、核軍縮の枠組みが崩壊したということですから、米ロ関係は冷戦時代の軍拡競争時代に逆戻りしかねない様相を呈し始めたということです。アメリカでは二〇二〇年の秋に大統領選挙が行われ、その結果、二〇二一年一月に民主党のバイデン大統領による新政権が発足しました。

用語解説

●1 INF全廃条約（アイエヌエフぜんぱいじょうやく）
INFはIntermediate-range Nuclear Forces（中距離核戦力）の略。INFとして定義された巡航ミサイルなどをすべて廃棄することを目的とした軍縮条約。

世界に登場した新しい貿易構造

❖日本にはどのような影響があるのか

アメリカがTPPから離脱したというお話をしました。TPPという言葉はテレビなどで聞いたことがあるかと思いますが、これは環太平洋パートナーシップ協定といって、太平洋圏内に自由貿易による新しい取引システムを打ち立てようという構想のことです。

農産物や工業製品といったモノやサービスなどが自由に行き交うことができる経済圏を築いて経済交流の自由化をめざそうというのが目的ですが、それは関税の段階的な引き下げや◆1関税廃止などによって実現されるというのです。国内では賛否両論が渦巻く中、それがひいては世界経済の発展につながるという期待のもとに、日本は二〇一七年に◆2TPP協定を締結しました。はじめは12か国が合意したのですが、アメリカが離脱したため11か国となり、二〇一八年一

英語では？

◆1 関税
custom duty / Import duty

◆2 TPP協定
Trans-Pacific Partnership Agreement

二月三〇日に「環太平洋パートナーシップに関する包括的及び先進的な協定」（＝ＴＰＰ11）が一部の国々との間で発効しました。

ＴＰＰに加入するメリットは、輸出市場・輸入市場ともに拡大するという点にあります。日本では将来的に人口が減少すると見込まれています。そうすると国内市場は縮小してしまいますから、ＴＰＰ加入による輸出市場の拡大はその打開策となるのです。

一方、関税が撤廃あるいは段階的に削減されれば、安い輸入品がどんどん入ってきますから、国内の一部の特定産業にとっては打撃となり、衰退が危ぶまれることがデメリットといえます。

食べ物の場合は遺伝子組み換え食品◆1や添加物などに対する食の安全性がどこまで保証されているのかという問題のほかに、食料自給率が低下するのではないかという懸念もうまれます。

現実問題に照らし合わせて考えてみると、たとえば安い輸入米が多く流通すると、飲食店の中には、輸入米に切り替える店が出てくるかもしれません。とすれば舌が肥えた贔屓《ひいき》客からは「国産米の方

英語では？

◆1 遺伝子組み換え食品
genetically modified food / GM food

がうまい」とか「なぜ輸入米を使うのか」と批判され、客離れが起こる可能性もあるのです。飲食店だけではなく、生産者にとっても死活問題になりかねません。とはいえ、日本の場合、米・麦・牛肉・豚肉・乳製品などの重要農産物については関税撤廃に関する例外も設けられました。米については、輸入量は増やすといいながらも、現行の関税は維持するといっています。いずれにしてもこれからの農業経営にあたっては、後継者の確保・育成やブランド商品の生産といった従来型の対策にこだわることなく、TPPによる輸出市場の拡大をチャンス到来の好機ととらえ、競争力をつけるビジネスチャンスと世界市場を睨んだ新たな経営力を磨かなければなりません。

貿易の自由化促進策の一つとして、FTAという取り決めがあります。これは関税など、貿易を制限するような措置を撤廃し、物品やサービスを主とする貿易の自由化を目指した協定で、日本語では自由貿易協定と訳します。

またFTAと似た経済政策にEPAがあります。これは、アベノミクスの経済戦略を支える大きな柱となった政策でもあり、モノやサービスの自由貿易だけではなく、知的財産の保護など貿易以外の内容まで含めたもので、日本語では経済連携協定と訳します。

国際貿易を円滑に進めるためのルール作りなどを行う国際機関としては本来WTO（世界貿易機関）があるのですが、そこでの意思決定は全会一致が原則だったうえ、協議が進む中で先進国◆1と途上国◆2（新興国）との対立も目立ってきたため、より合理的な二国間交渉が必要となりました。日本が最初にEPAを締結したのはシンガポールで二〇〇二年のことです。

その後もマレーシアやタイなどの東南アジア各国やスイス・ペルーなどともEPAを結んできましたが、それでは非効率的だということでまとまった国々や地域とも交渉することになりました。その一つがTPP協定なのです。また日本がEU（ヨーロッパ連合・欧州連合）諸国との間で締結していたEPAが二〇一九年に発効することになりました。

英語では？

◆1 先進国
developed countries

◆2 途上国
developing countries

その結果、自動車やワインなどの貿易が世界的に拡大したという効果が認められていますが、輸入商品の価格は大きく下がりますから、国内流通業界にも大きな影響を及ぼします。

農産物などについては特に気になるところですが、EU諸国から日本に入ってくる米については、関税撤廃・削減の対象からは除外するといった例外的な措置も盛り込まれました。やがて二〇二〇年、日本はすでにEUを離脱していたイギリスとの間でEPAに署名しました（二〇二一年に発効）。

令和の時代

❖求められる新しいライフスタイルとは？

二〇一六年、皇室に大きな動きがありました。明仁《あきひと》天皇（現上皇陛下）が◆1生前退位を唱え、翌年にはそれに向けた「天皇の退位等に

英語では？

◆1（生前）退位
abdicate

関する皇室典範特例法《こうしつてんぱんとくれいほう》」が成立しました。二〇一九年四月一日に新元号「令和」が発表され、四月三〇日に皇太子徳仁《なるひと》親王が一二六代天皇に即位しました。譲位は江戸時代の光格《こうかく》天皇以来二〇二年ぶりで、憲政史上としては初めてのことでした。同年一〇月に天皇陛下即位の儀が行われ、天皇の即位が国内外に宣言されました。

この間、国内政治の面では二〇一八年に働き方改革関連法が成立します。二〇一九年にはアイヌ新法が成立し、法律上アイヌははじめて「先住民族」と明記されました。

社会面を振り返ると、二〇〇〇年代にはパソコンや携帯電話が日常生活の中に定着し始めましたが、二〇一〇年代に入るとスマートフォンが著しく普及し、さまざまな情報が掌の上で瞬時にキャッチできるようになるなど、通信技術の飛躍的進展には目を見張るものがあります。

二〇二〇年の初めごろから新型コロナウイルス（COVID-19）による感染症が世界的規模で拡大し、世界の人々を震撼させました。

その結果、国内では三密◆1（密閉・密集・密接）の回避、手指消毒の励行とマスクの奨励、ソーシャルディスタンス、テレワークの推奨など、価値観が大きく変化する中で、国民生活はもとより仕事の面においても感染リスクの回避を見越した新たなライフスタイルが求められるようになりました。

予定されていた東京オリンピック・パラリンピックも、二〇二〇年の開催についてはコロナ禍の影響で中止となりました。また、野球や大相撲をはじめとするさまざまな競技にも延期・中止や無観客試合が求められ、観戦に際しても入場人数が制限されたり新たな応援スタイルが登場するなど、スポーツ界にも大きな変革が強いられました。学校生活においても、本来行われるはずだった運動会や修学旅行が中止に追い込まれたり、大学では授業そのものがオンラインに切り替えられるところも出るなど、教育環境も大幅に変容を余儀なくされました。二〇二〇年、安倍晋三内閣は緊急事態宣言を出して新型コロナウイルスの感染拡大を抑えようとしましたが、飲食

英語では？

◆1 三密

Three Cs(closed spaces：密閉、crowded places：密集、close-contact settings：密接)

店などへの営業時短要請措置も抜本的な解決策には至らず、一方では医療体制が逼迫《ひっぱく》・崩壊の危機に追い込まれるなどさまざまな問題を生み出しました。中央・地方を問わず、自治体の首長は経済を回しながら感染拡大を抑止する―その両立を図ろうとする政治姿勢を取り続けました。

菅義偉内閣にいたっては、何度も緊急事態宣言が出され、ワクチン接種が奨励される中で、オリンピック・パラリンピックがとうとう二〇二一年夏、実施されることとなり、観戦方法や観客人数の制限などすべてにおいて異例の対応が求められました。

同年秋、自民党総裁に選出された岸田文雄が、伊藤博文内閣から数えて第一〇〇代目の内閣総理大臣に就任しました。

この間、二〇二一年三月一一日をもって、東日本大震災からちょうど一〇年の節目を迎えました。福島県はいまだに原発事故の影響下に置かれたままですが、津波の被害を受けた東北から関東地方にかけての沿岸各地では、堤防の修築やかさ上げ、復興住宅の整備が進む中で、ようやく人々の生活に落ち着きが戻りはじめました。

地震だけではなく、地球温暖化を一つの要因とする気候変動、異常気象などによる集中豪雨や土砂災害、河川氾濫による水害など、自然の猛威の前に人々は無力となります。

現代は「答えが見えない時代」、あるいは「答えがない時代」かもしれません。かりに答えを見つけても、それは必ずしも一つとは限りませんし、絶対のものでもありません。

玉石混淆◆1の情報が氾濫するネット社会。そこに生きる私たちには今、どんな状況にも対応できる柔軟な発想・価値観と新しいライフスタイルの確立が求められているのです。


英語では?
◆1 玉石混淆
a mixture of wheat and chaff(小麦ともみ殻) / thread and thrum(糸と糸くず)

菅野祐孝（かんの・ゆうこう）

早稲田ゼミナール、武蔵高等予備校、代々木ゼミナールの講師としての教壇活動と10年に及ぶ大学受験ラジオ講座講師（旺文社）などを経て、現在は代々木ゼミナール個別指導スクール講師。教壇講義では「立体パネル」と呼ばれる独自の教授法を開発・展開し、従来の受験日本史界に風穴を開けた。年度版『共通テスト過去問研究日本史B』（教学社）、『日本史オールインワン』（代々木ライブラリー）、『日本史図版・史料読みとり問題集』（山川出版社）、『世界のなかのニッポン近現代史』（洋泉社）など著書多数。

ニッポン人ならおさえておきたい
2時間でおさらい 超日本史

2021年11月9日　第一刷発行

著　者　菅野祐孝
発行者　松岡佑子
発行所　株式会社 出版芸術社
〒一〇二－〇〇七三
東京都千代田区九段北一－一五－一五　瑞鳥ビル
TEL　〇三－六三八六－一七八六
FAX　〇三－三二六三－〇〇一八
URL　http://www.spng.jp/

カバーデザイン・組版　田中真琴
印刷・製本　中央精版印刷株式会社

ISBN 978-4-88293-544-5 C0021